ANJA MEINDL

Lebensqualität – was ist das eigentlich?

Eine Analyse aus theoretischer Perspektive

FGM-Verlag

Verlag der FGM Fördergesellschaft Marketing e. V.

an der Ludwig-Maximilians-Universität München

Arbeitspapier zur
Schriftenreihe SCHWERPUNKT MARKETING
Band 205

Herausgeber: Univ.-Prof. Dr. Paul W. Meyer †/ Univ.-Prof. Dr. Anton Meyer

Meindl, Anja
Lebensqualität – was ist das eigentlich?
Eine Analyse aus theoretischer Perspektive
FGM-Verl., Verl. der Fördergesellschaft Marketing e.V., 2012
(Arbeitspapier zur Schriftenreihe Schwerpunkt Marketing; Bd. 205)
ISBN 978-3-940260-26-0

FGM Fördergesellschaft Marketing e.V. an der LMU München, Ludwigstr. 28 RG, 80539 München, www.marketingworld.de, Telefon 089/2180-3321, Telefax 089/2180-3322

Druck: Books on Demand GmbH, Norderstedt

ISBN 978-3-940260-26-0

Abbildungsverzeichnis

Anhangsverzeichnis

Abkürzungsverzeichnis

allg.	allgemein
AMA	American Marketing Association
BIS	Biologisches Informationssystem
BRD	Bundesrepublik Deutschland
BSP	Bruttosozialprodukt
CWB	Consumer Well-being
DVD	Digital Versatile Disc
e. g.	lateinisch: exempli gratia, deutsch: beispielsweise
etc.	lateinisch: et cetera, deutsch: und so weiter
hrsg. v.	herausgegeben von
IQoLT	Integrative Quality of Life Theorie
k. A.	keine Angabe(n)
lat.	lateinisch
LB	Lebensbereiche
LQ	Lebensqualität
LZLF	Lebenszufriedenheit
JoM	Journal of Marketing
JoMM	Journal of Macromarketing
neg.	negativ/e/es/er
obj.	objektiv/e/es/er
pos.	positiv/e/es/er
QoL	Quality of Life
s. o.	siehe oben
sog.	sogenannte/n/s
s. u.	siehe unten
subj.	Subjektiv
TV	Television
u.a.m.	und anderes mehr
v. a.	vor allem
v. Chr.	vor Christus
VCR	Video Cassette Recording
vgl.	vergleiche

VP	Versuchsperson
VPen	Versuchspersonen
vs.	lateinisch: versus, deutsch: gegenüber
VW	Volkswagen
WB	Well-being oder Wohlbefinden
z. B.	zum Beispiel
z. T.	zum Teil
ZUF	Zufriedenheit

1 Leitwert Lebensqualität

Die Finanzkrise prägt seit Ende 2008 die gesamte Weltwirtschaft. Die Auswirkungen des Handelns auf den Finanzplätzen betreffen auch das Privatleben der „kleinen Bürger“ - sei es die Angst um den eigenen Arbeitsplatz, das knapp gewordene verfügbare Einkommen oder der persönliche Verlust von gespartem Kapital. Die Krise macht die Einseitigkeit der bloßen Orientierung an materialistischen Werten wie Geld, Konsum und Lebensstandard bewusst. Sie zeigt, dass diese Werte auf schwankenden, sich erschöpfenden Beinen stehen und weder in der Lage sind, nachhaltige Stabilität, noch echte Sicherheit oder Verlässlichkeit zu bieten.[1] Selbst für die Regierungen der westlichen Welt wird obsolet, wie unzulänglich herkömmliche ökonomische Wohlstandsmaße sind, die seit Jahrzehnten zum Bewertungsmaßstab für die Entwicklung von Volkswirtschaften dienen.[2] Das *Bruttosozialprodukt pro Kopf* als Maß für das Wohl oder die Wohlfahrt einer Gesellschaft, die ausschließliche Orientierung an Zahlen, Raten und Quoten zur Abbildung des staatlichen Fortschritts reicht nicht aus.[3] Wie Schröder (1993) betonte „Es ist schlimm, wenn die Logik der Marktwirtschaft ihre Grenzen überschreitet und zur Lebenslogik wird“ (S. 24).

1.1 Relevanz und Aktualität

Die Krise veranlasst, nach neuer Orientierung, neuen Werten und insbesondere nach neuen Leitwerten für wirtschaftliches Handeln zu suchen.[4] Man besinnt sich auf die Lebensqualität (LQ). Einen Begriff, der bereits 1920 durch den englischen Ökonomen A. C. Pigou in der Terminologie der Wirtschaft geprägt wurde.[5] Dennoch dauerte es bis in die 70er Jahre, bis der Begriff politisch und sozialwissenschaftlich an Popularität und Aufmerksamkeit gewann. Aufgrund der Ölkrise stellte die IG Metall ihre jährliche Konferenz 1972 unter das Thema *Aufgabe Zukunft: Qualität des Lebens*. Ihre Erkenntnis hat auch heute noch Gültigkeit: Wirtschaftlicher Wohlstand im Sinne hohen Einkommens und Vermögens ist nicht dasselbe wie Wohlfahrt und vor allem nicht dasselbe wie

[1] Vgl. (Giger, 2009), S. 1.
[2] Vgl. (Thielfelder, 2001), S. 78f.
[3] Vgl. (Birnbacher, 1998), S. 126.
[4] Vgl. (Hildebrandt & Schumacher, 1999), S. 35.
[5] Vgl. (Pigou, 1921), S. 14.

langfristige, stabile oder nachhaltige Wohlfahrt.[6] Ebenso wenig wie sich die Wohlfahrt einer Gesellschaft allein an monetären Messgrößen (wie z. B. dem BIP) festmachen lässt, kann man diese Reduktion in die Disziplin des Marketing übertragen. Hier genügt die bloße Berücksichtigung quantitativer Kennzahlen, die alleinige Kommunikation von niedrigen Preisen und technischen Vorteilen langfristig für Kundenzufriedenheit, Kundenbindung und Erfolg nicht mehr.[7] Durch zunehmende Internationalisierung, Individualisierung und Innovationen entsteht Druck auf die Wertkultur von Individuen und Gesellschaften. Dadurch kommt es zu einem Wertewandel, der sich in veränderten Bedürfnissen, Einstellungen und Verhaltensweisen der Menschen niederschlägt und somit auch Konsequenzen für das Verbraucherverhalten hat. Über das veränderte Verbraucherverhalten spielt der Wertewandel eine wesentliche Rolle für das Marketing der Zukunft.[8] Bereits im Jahr 2005 wurde am Lehrstuhl eine Diplomarbeit veröffentlicht, welche die Tauglichkeit des Konstrukts LQ als neuen Leitwert für das Marketing evaluiert. Sie gelangt zu dem Ergebnis, dass LQ eine neue, viel Potenzial versprechende Zielgröße für das Marketing darstellt, welche die Kundenzufriedenheit als Zielgröße im Marketing ablösen könnte.[9]

Dennoch ist der Umgang mit dem Begriff LQ in der Marketingpraxis bislang verhalten.[10] Während das Lebensqualitätskonstrukt in den Bereichen Philosophie, Medizin, Soziologie und Psychologie erhöht Verwendung findet, sind die Erkenntnisse aus dem Marketing bislang gering und unvollständig. Es existieren vereinzelte Konzepte, denen allerdings limitierte Implementierung und Realisierung in der Praxis gegenüberstehen.[11]

Hier schließt diese Arbeit an, indem sie die Komplexität des Konstrukts LQ aufzeigt.

1.2 Problemstellung

Aus der Literatur lassen sich drei Ansatzpunkte eruieren, weswegen sich das Konstrukt bislang nicht in der ökonomischen Praxis etablieren konnte: die fehlende

[6] Vgl. (Birnbacher, 1998), S. 126.
[7] Vgl. (Kotler, Keller, & Bliemel, 2007), S. 6ff., S. 36f., S. 46, S. 59.
[8] Vgl. (Bruhn & Homburg, 2004), S. 896; (Inglehart, 1979), S. 284ff.; (Inglehart, 1989), S. 27ff., 34ff.; (Huber, 2002), S. 13.
[9] Vgl. (Rochel, 2005), S. 70.
[10] Vgl. (Wilkens, 1993), S. 22; (Giger, Horx, & Küstenmacher, 2003), S. 57.
[11] Vgl. (Rochel, 2005), S. 43.

definitorische Einheit, die unzureichend klare Konzeption und die komplexe Operationalisierung des Konstrukts.[12]

Folgt man dem modernen Marketingverständnis der American Marketing Association, so ist das **Marketing** zu verstehen als „(...) an organizational function and a set of processes for creating, communicating and delivering value to customers and for managing customer relationships in ways that benefit the organization and its stakeholders" (2010a). Die Definition charakterisiert das moderne Marketing als integriertes, marktorientiertes Führungskonzept, welches sowohl eine funktionsbezogene als auch eine funktionsübergreifende Dimension in sich vereint. In diesem Zusammenhang kann von Marketing als **dualem Führungskonzept** gesprochen werden.[13] Zum einen wird Marketing als **Funktion** innerhalb der Unternehmensorganisation verstanden, die innerhalb der Marketingabteilungen spezifische Kompetenzen (z. B. Markenführung, Marktforschung, Kundenbindung etc.) entwickeln muss, um die Austauschprozesse mit den Nachfragern erfolgreich zu gestalten. Zum anderen wird mit dem Marketing ein **Leitkonzept der Unternehmensführung** verbunden, worunter die marktorientierte Koordination aller betrieblichen Funktionsbereiche verstanden wird. Jeder Mitarbeiter soll ein Bewusstsein für den Wert des Nachfragers und seinen Beitrag zum Nachfragernutzen entwickeln. Das gesamte Unternehmen ist auf die Bedürfnisse aktueller und potenzieller Kunden auszurichten. Hierfür sind funktionsübergreifende Prozesse (z. B. Produktentwicklungs-, Qualitäts-, Beschwerdemanagement etc.) zu definieren, in denen Entscheidungsträger des Marketing markt- und kundenorientierte Informationen mit Verantwortlichen aus anderen Unternehmensfunktionen teilen. Aus der erforderlichen Koordination wird ersichtlich, dass das Marketingkonzept organisatorisch von der Unternehmensspitze aus im gesamten Unternehmen integriert werden muss.[14]

Berücksichtigt man die Herausforderungen, denen sich das Marketing gegenüber sieht, wird die Tragweite obsolet, welche die Initiierung eines neuen **Leitwerts** mit sich bringt. Letztlich erfolgt dadurch eine Neuausrichtung des gesamten Unternehmens. Es ist selbsterklärend, dass zur Formulierung eines neuen Leitwerts für diese Unternehmensdisziplin klare Definitionen sowie eine

[12] Vgl. (Wilkens, 1993), S. 22; (Giger, et al., 2003), S. 57; (Arndt, 1978), S. 1; (Liu, 1976), S. 10; (Campbell, 1976), S. 119.
[13] Vgl. (Meffert, 2000), S. 6.
[14] Vgl. (Meffert, Burmann, & Kirchgeorg, 2008), S. 13f.

trennscharfe Konzeption desselbigen essentiell sind. Dies kann das Konstrukt Lebensqualität bislang nicht leisten. Somit ist eine Ausrichtung der Unternehmensziele[15] auf die LQ und Entwicklung einer LQ-Marketingstrategie[16] nicht möglich. Darüber hinaus fehlt es an Vorschlägen zur Implementierung des Konstrukts im Marketing. Die Entwicklung von Angeboten, Produkten, Dienstleistungen und Kommunikationskonzepten sowie geeigneter interner Führung und Kommunikation ist bislang offen. Ein weiterer Mangel ist die Operationalisierung des Konstrukts.

1.3 Forschungslücken und -fragen

Bereits der Titel der Arbeit identifiziert im Wesentlichen die zu behandelnden **Forschungslücken**: die Formulierung einer **Begriffsabgrenzung** von LQ, die Gegenüberstellung der diversen Ansätze zur LQ-Forschung (**Konzeption)** sowie eine Analyse der Messinstrumente zur **Operationalisierung** der LQ. Am Ende resultieren die Erkenntnisse schließlich in **Implikationen für das Marketing**.

Die zu beantwortenden **Forschungsfragen** für die Arbeit lauten:

Zur Begriffsabgrenzung:

- Welche Definitionen finden sich in der Literatur zum Thema LQ? Wie kongruent oder kontrovers sind diese?
- Welche Ansprüche muss eine Definition generell erfüllen?
- Lässt sich aus der Analyse der Definitionen in der Literatur eine Arbeitsdefinition entwickeln die dem Marketing dienlich sein kann?

Zur Konzeption:

- Welche Theorien, Ansätze, Konstrukte und Dimensionen sind für das Lebensqualitätskonstrukt von Bedeutung?
- Wie werden diese von verschiedenen Vertretern dargestellt?

[15] Die **Unternehmensziele** „(...) stellen Orientierungs- bzw. Richtgrößen für unternehmerisches Handeln dar. Sie sind zugleich Aussagen über anzustrebende Zustände, die mithilfe unternehmerischer Maßnahmen erreicht werden sollen" (Kupsch, 1979), S.15f.

[16] Eine **Marketingstrategie** ist ein bedingter, globaler Verhaltensplan zur Erreichung der Unternehmens- und Marketingziele. Geschäftsfelder bilden die Bezugsebene einer Marketingstrategie. Vgl. (Meffert, 1980), S. 89; (Kotler & Bliemel, 2001), S. 1266.

Zur Operationalisierung:

- Welche Messinstrumente erfassen das Konstrukt LQ? Wie sind sie gestaltet?
- Lassen sich die Messmodelle in der Literatur den vorgestellten LQ-Konzepten zuordnen?

Implikationen für das Marketing:

- Welche Rolle spielen die aufgedeckten Forschungslücken für das Marketingmanagement?
- Welche Implikationen sind im Hinblick auf die Gestaltung eines LQ-Marketing aus den einzelnen Schritten zu ziehen?
- Welchen Schlüsseltrends und Zukunftsperspektiven sieht sich das Marketing gegenüber und wie ist hieraus das Potenzial für ein LQ-Marketing einzuschätzen?

1.4 Zielsetzung der Arbeit

Die Eignung des Konstrukts Lebensqualität als Zielgröße für das Marketing wurde bereits umfassend in am Lehrstuhl veröffentlichten Abschlussarbeiten diskutiert.[17] Diese Arbeit hat es sich zum Ziel gesetzt Problemfelder aufzugreifen und den Status-Quo der LQ-Forschung zu evaluieren sowie klärende Transparenz in die Theorie der LQ-Forschung zu bringen. Dieser Schritt wird für die weiterführende Forschung im Bereich des Marketing als essentiell erachtet. Es gilt eine solide theoretische Basis des Konstrukts zu schaffen, um daraus später LQ-spezifische Marketingstrategien ableiten und Messinstrumente konstruieren zu können. Abschließend wird der gewichtige Einfluss der analysierten Faktoren in Bezug auf das Marketing dargestellt, daraus weiterführende Implikationen für das Marketingmanagement abgeleitet sowie Ideen für das weitere Vorgehen in der marketingspezifischen Forschung generiert.

In Summe lassen sich die **Ziele** für die vorliegende Arbeit folgendermaßen definieren:

- Darstellung der **Problematik** des LQ-Konstrukts
- Entwicklung einer vorläufigen **Arbeitsdefinition** nach Analyse der Definitionen in der Literatur

[17] Vgl. (Rochel, 2005), S. 70; (Stieger, 2005), S. 69f.

- Darstellung der diversen **Theorien** und deren wichtigste Vertreter
- Zuordnung der **Messinstrumente** aus den unterschiedlichsten Forschungsdisziplinen zu den vorgestellten Konzepten
- Entwicklung einer **eigenen Darstellung** des LQ-Konstrukts sowie einer **finalen Definition** von LQ
- Ableitung von **Implikationen** für das Marketingmanagement

1.5 Struktur der Arbeit

Der Aufbau der Arbeit orientiert sich stringent an der Formulierung des **Themas**. Zu Beginn wurde die Aktualität des Begriffs LQ für das Marketing und die Wirtschaft kurz umrissen, um die Relevanz des Konstrukts herauszuarbeiten.

Kapitel Zwei formuliert die Problemstellung, indem die Gründe für die mangelnde Durchsetzbarkeit des Konstrukts erläutert werden:

1. die mangelnde **Begriffsabgrenzung**,
2. der fehlende **konzeptionelle Rahmen** und
3. die Schwierigkeit im Umgang mit der **Messung** der LQ.

Diesen Problemen wird in den folgenden Kapiteln begegnet.

In **Kapitel Drei** wird anhand einer Literaturanalyse eine operante LQ-Definition für die vorliegende Arbeit entwickelt.

Kapitel Vier präsentiert die Konzepte (wie z. B. Glück, Zufriedenheit, Wohlbefinden oder Bedürfniserfüllung) die für die LQ-Forschung von Interesse sind. Diese werden erläutert und die einschlägigen Vertreter aus der Literatur dargestellt.

Im **fünften Kapitel** werden LQ-Messmodelle mittels narrativem Literaturreview[18] evaluiert und anschließend den einzelnen Konzepten zugeordnet.

Ein **Zwischenfazit** fasst die einzelnen Konzepte zusammen und entwickelt davon ausgehend eine eigene Darstellung des Konstrukts LQ sowie eine finale LQ-Definition.

Abschließend werden im **siebten Kapitel** Implikationen für die weitere Entwicklung des LQ-Konstrukts im Hinblick auf das Marketing (-Management) gegeben.

Ein **Fazit** rundet die Arbeit ab.

---

[18] Vgl. (Collins & Fauser, 2004), S. 103f.

2 Die Problemfelder der Lebensqualitätsforschung

Um die mangelnde Durchsetzung des Konstrukts LQ als Marketing-Zielgröße verständlich zu machen, werden an dieser Stelle die zentralen Probleme der LQ-Forschung dargestellt. Im Wesentlichen gründen diese in der langen Forschungshistorie: seit Jahrhunderten beschäftigen sich verschiedenste Forschungsdisziplinen auf wissenschaftlicher Ebene mit dem Konstrukt.[19] Jede Forschungsdisziplin setzt dabei andere Interessensschwerpunkte.[20] Als Konsequenz weist der Begriff LQ sowohl **Überschneidungen** als auch **Interdependenzen** zu den **Konzepten** Lebenszufriedenheit, subjektives Wohlbefinden, Reichtum, Wohlstand oder Wohlfahrt, Lebensstandard, Lebenssinn und Glück auf. Darüber hinaus beeinflussen die jeweiligen gesellschaftlichen, politischen und historischen Ereignisse die Entwicklung des Begriffs LQ und begründen dessen diverses Verständnis und seine unterschiedlichen Ausprägungen. Bis heute werden diese verwandten Konzepte synonym mit dem Begriff Lebensqualität verwendet. Auch wird versucht, den Begriff mit Hilfe der oben genannten Konzepte messbar zu machen und sich ihm auf diese Weise zu nähern.[21] So werden Fragbögen entwickelt, die teilweise über 100 Items enthalten - ohne zu Beginn eine Definition für die abgebildeten Konstrukte zu liefern.[22] Diese Forschungsaktivität, bei der „der Karren das Pferd zieht“ (George, 1981, S. 375) wirkt katalysierend auf das regelrechte **„Definitionschaos“** (Mayring, 1991b, S. 51) in der LQ-Forschung. Es verstärkt die **begriffliche Unklarheit**, seine **theoretische Konzeptlosigkeit** und potenziert die Verwässerung des Begriffs.[23] Neben der definitorischen und konzeptionellen Unklarheit erschwert der Streit der Forscher bezüglich der notwendigen Unterscheidung zwischen **objektiven und subjektiven Komponenten** der Lebensqualität dessen Verständnis.[24]

[19] Die Arbeit der griechischen Philosophen, wie z. B. Aristoteles, Demokrit oder Platon an Theorien zum *guten Leben* lässt sich jedoch weitaus länger zurückverfolgen. Vgl. (Rupprecht, 1993), S. 17f.
[20] Vgl. (Rupprecht, 1993), S. 7f.
[21] Vgl. (Zapf, 1984), S. 23; (Specht, 1974), S. 8; (Smith, 2000), S. 422; (Rupprecht, 1993); S. 15f.; (Linke, 2006), S. 13.
[22] In Kapitel 5 wird offensichtlich, dass viele Messinstrumente mit LQ betitelt sind, jedoch andere Konzepte abbilden, wie z. B. die Lebenszufriedenheit.
[23] Vgl. (Liu, 1976), S. 10; (Mayring, 1991a), S. 69; (Mayring, 1991b), S. 51; (Noll, 1999), S. 3f., 7f.
[24] Vgl. (Zapf, 1984), S. 19; (Rupprecht, 1993), S. 34; (Rupprecht, 1993), S. 37f; (Glatzer, 1992), S. 49f.

Schließlich resultieren diese ungeklärten Punkte in einer konzeptionell nicht mehr zu bewältigenden Vielfalt an Ansätzen, welche der Durchsetzung des Konstrukts als Zielwert für die Entwicklung von Marketingstrategien und darauf ausgerichtetes wirtschaftliches Handeln hinderlich im Wege steht.
Zunächst werden die einzelnen Problembereiche kurz dargestellt.

2.1 Multidisziplinarität

Eine Reihe verschiedener wissenschaftlicher Disziplinen mit jeweils spezifischen Forschungsschwerpunkten befasst sich mit dem Konstrukt der LQ. Die **Philosophie** stellt sich beispielweise die Frage, wie der Mensch glücklich leben kann, bzw. was ein gutes Leben ausmacht und wie der Mensch ein solches führen soll. Die **Medizin** sieht sich mit einer stetig ansteigenden Zahl von nicht mehr kurativ behandelbaren Patienten konfrontiert. Wenn die Wiederherstellung der vollständigen Gesundheit nicht mehr Ziel des ärztlichen Handelns sein kann, müssen neue Kriterien für eine erfolgreiche Therapie gefunden werden. Es wird versucht, an Stelle einer Heilung die LQ dieser Patienten zu erhöhen. Infolge dessen besteht erhöhtes Interesse dieser Disziplin daran, aufzudecken, worin sich LQ für das Individuum auszeichnet und wie sich diese beeinflussen lässt. Die **Soziologie** versucht durch das LQ-Konzept verschiedene Schichten oder Teile der Gesellschaft miteinander zu vergleichen oder die Veränderung der LQ von Nationen im Zeitablauf zu erfassen. [25]
In der **Psychologie** hat die Wohlbefindens- und Lebenszufriedenheitsforschung eine lange Tradition. Lebensqualität bedeutet hier ein *gutes Leben*. Dies ist gleichbedeutend damit, ein Leben von hoher Qualität zu leben. Das scheint selbsterklärend zu sein, dennoch sei an dieser Stelle explizit darauf hingewiesen, da viele Forschungsdisziplinen LQ als einen Faktor unter vielen abbilden.[26]
Alle **Weltreligionen** haben Ansichten oder gar Anleitungen zum *guten Leben*.[27] Diese erstrecken sich von Anmerkungen, dass ein gutes Leben durch die Einhaltung praktischer Regeln erreicht wird, über den Aufruf, sich einer besonderen, positiven Lebenseinstellung zu widmen oder sich auf die Suche nach

---

[25] Vgl. (Rupprecht, 1993), S. 7f., S. 15f., S. 195; (Zapf, 1984), S. 23; (Specht, 1974), S. 8; (Smith, 2000), S. 422; (Linke, 2006), S. 13.
[26] Vgl. (Ventegodt, Merrick, & Andersen, 2003), S. 1031.
[27] Vgl. (Nussbaum, 1993), S. 242ff.; (Hufnagel, 2002), S. 59ff.; (Csikszentmihalyi, 1995), S. 12f., 27f., 86ff.; (Linke, 2006), S. 13; (Fisch, 2002), S. 218ff.

dem Sinn des eigenen Lebens zu begeben. Diese Anmerkungen sind eng mit der vorherrschenden Kultur verbunden. Wenn sich z. B. Menschen aus westlich geprägten Kulturen mit LQ befassen, sind sie durch die prägenden kulturellen Werte dazu geneigt, Glück, Erfüllung von Bedürfnissen oder das Funktionieren in einem sozialen Kontext als Bestandteile eines *guten Lebens* zu verstehen. Zusammenfassend kann man sich das Problem der Multidisziplinarität auch als Zielkonflikt vorstellen: gleich den Blättern einer Blüte, welche allesamt dem LQ-Konzept entstammen enden die Spitzen der Blätter gemäß der divergierenden Zielsetzungen der Disziplinen in den unterschiedlichsten Messinstrumenten, Aussagen und Erfolgsansichten.

2.2 Definitionsansätze zur LQ

Die Hauptproblematik der LQ-Forschung liegt darin, dass es bislang nicht gelungen ist, LQ einheitlich zu definieren, was allein vor dem so eben angeführten Punkt der Multidisziplinarität nicht verwunderlich ist.[28] Darüber hinaus ist LQ ein höchst subjektlastiger Begriff: Liu (1976) vermutet gar, dass „so viele LQ-Definitionen vorhanden sind, wie es Menschen gibt" (S. 10). Um das Verständnis für das Forschungsproblem bezüglich der breiten Definitionsansätze herauszustellen werden selektiv Definitionen vorgestellt um auf die daraus resultierende konsequenzenreiche Kontroverse über eine angemessene Operationalisierung und Messung der LQ hinzuführen.

- „LQ ist ein übergeordnetes, theoretisches Konstrukt. Es umfasst sowohl objektive Lebensbedingungen als auch die subjektiven Bewertungen dieser Bedingungen. LQ bezieht sich auf einen längerfristigen Zeitraum. Erfahrungen aus dem ganzen bisherigen Leben können miteinbezogen werden" (Rupprecht, 1993, S. 30).

- „LQ ist das Ergebnis eines individuellen, multidimensionalen Bewertungsprozesses der Interaktion zwischen Person und Umwelt. Als Bewertungsmaßstäbe können sowohl soziale Normen als auch individuelle Wertvorstellungen und affektive Faktoren herangezogen werden. Die

[28] Vgl. (George & Bearon, 1980), S. 1; (Wilkens, 1993), S. 22; (Giger, et al., 2003), S. 57; (Arndt, 1978), S. 1; (Liu, 1976), S. 10; (Campbell, 1976), S. 119.

Bewertung bezieht sich auf die aktuelle Lebenssituation, auf die Einschätzung der Vergangenheit und auf Zukunftserwartungen“ (Rupprecht, 1993, S. 197).

- “Quality of Life is the output of a certain production function of two different but often interdependent categories – physical inputs which are objectively measurable and transferable, and the psychological inputs, which are subjectively, ordinally differentiable but usually not interpersonally comparable“ (Liu, 1976, S. 12).

- “Quality of Life ist the multidimensional evaluation, by both intrapersonal and social normative criteria, of the person-environment system of an individual in time past, current, and anticipated“ (Lawton, 1991, S. 6).

- “(...) QoL is measured by the degree to which an individual succeeds in accomplishing his desires despite the constraints put upon him by a hostile or indifferent nature, God or social order“ (Gerson, 1976, S. 794).

- „Lebensqualität ist das Synonym für den Gebrauch all jener Errungenschaften die uns eine funktionierende Wirtschaft bereithält, für ein menschenwürdiges Leben in der Industriegesellschaft. Dazu gehören neben der materiellen Versorgung der Bevölkerung mit Gütern und Dienstleistungen ebenfalls mehr Gleichheit und Gerechtigkeit, Chancengleichheit in Ausbildung und Beruf, eine gerechte Einkommensverteilung, die Humanisierung der Arbeitswelt u.a.m.“ (Reinhold, 1997, S. 400).

- „Lebensqualität ist die Suche nach neuen Orientierungen (...) bzw. das Streben nach neuen ‚Qualitäten'“ (Glatzer, 1992, S. 53).

- Quality of Life is defined as “A sense of well being about a person's or society's way of life and life style, often estimated by social indicators. The governing factors include income, wealth, safety, recreation facilities, education, health, aesthetics, leisure time, and the like“ (AMA, 2010).

Vergleicht man die mannigfaltigen Definitionsansätze, wird augenscheinlich, dass Begriffe wie **Glück**, **subjektives Wohlbefinden** und **Lebenszufriedenheit** gleichbedeutend mit LQ verwendet werden und sich kaum ein gemeinsamer Nenner finden lässt. Diesem Punkt wird in Kapitel Drei durch die Formulierung einer Arbeitsdefinition begegnet um ein erstes Verständnis für LQ festzuhalten. Diese Arbeitsdefinition stellt eine Synthese der Definitionen in der Literatur dar. In einem Zwischenfazit legt die Autorin eine eigenständig entwickelte, finale Definition von LQ vor.

2.3 Konzeptionelle Disparitäten

Um die verständnisbezogene Problematik der LQ abzuschließen seien die teilweise disparat erscheinenden Definitionen noch einmal aufgegriffen, an denen sich doch bereits Konturen und Bezugspunkte über das Konzept bestimmen lassen:

- LQ wird als etwas vom **Lebensstandard verschiedenes** und auf **Wohlstand** im Sinne der Versorgung mit Gütern und Dienstleistungen **nicht reduzierbares** gesehen. LQ kann sowohl mehr sein als *bloßer* Wohlstand als auch etwas grundsätzlich anderes.

- Es ist zu unterscheiden, ob LQ die Wohlfahrt von **Individuen** oder einen Zustand bzw. die Qualität von **Gesellschaften** beschreibt. Das Problem LQ zu definieren und zu messen wird somit zu einem generellen Problem, gleichzeitig die kollektive LQ im Sinne des Individuellen, und die individuelle LQ im Sinne des Kollektivs zu beschreiben.[29]

- LQ ist ein **mehrdimensionales** Konstrukt, wobei die Dimensionen oder Lebensbereiche auf die es sich bezieht höchst verschieden in Art und Anzahl sein können.[30] Die Gewichtung der unterschiedlichen Dimensionen stellt einen weiteren Streitpunkt dar.[31]

---

[29] Vgl. (Gerson, 1976), S. 797.
[30] Vgl. (Glatzer, 1992), S. 47.
[31] Vgl. (Glatzer, 1992), S. 48.

- LQ kann als **objektiver** Zustand wie auch als **subjektive** Befindlichkeit oder subjektives Erleben betrachtet werden.[32] Da die LQ nicht unbedingt mit der subjektiven Wahrnehmung übereinstimmen muss, kann sie erst dann angemessen beurteilt werden, wenn die objektive Lebenssituation subjektiv bewertet wird.[33] Subjektives Wohlbefinden bezieht sich ausschließlich auf individuelle Merkmale und kann entgegen den subjektiven Bewertungen der LQ nicht objektiv eingeschätzt werden.[34] Stattdessen wird subjektives Wohlbefinden mittels Lebenszufriedenheit und Glück beschrieben, wobei allerdings das Problem auftritt, dass die Begriffe von anderen Vertretern teils als Synonyme, teils als Subkonstrukte der LQ verwendet werden.[35]

Die ausführliche Betrachtung der diversen LQ-Konzepte sind Gegenstand des vierten Kapitels.

2.4 Das Messproblem der LQ-Forschung

Eine weitere Herausforderung ist die Komplexität der Messung. Die LQ-Forschung sieht sich neben der Vielzahl bereits existierender Instrumente, denen bereits die Definitions- und Konzeptlosigkeit anhaftet, zusätzlich mit der Messproblematik im grundlegendsten Punkt konfrontiert: was soll überhaupt gemessen werden? Denn unter LQ lässt sich so ziemlich alles subsummieren, was für *irgendwen* von *irgendeinem* Interesse sein kann. Und zweifelsohne findet jeder Argumente die seine Auswahl an Indikatoren rechtfertigen.[36]

Für das Marketing ist es jedoch essentiell, Kennzahlen[37] messen zu können um dadurch Investitionen, Anstrengungen und Ausgaben zu rechtfertigen. Das Marketingcontrolling nimmt in der Marketingpraxis und -wissenschaft eine zentrale Rolle zur Sicherung der Rationalität, also der Wirksamkeit und Wirtschaftlichkeit einer marktorientierten Unternehmensführung entlang des gesamten Marketingmanagementprozesses ein.[38] Der mittlerweile immer stärker geforderte Nachweis von Effizienz und Effektivität des Marketing ist dabei der zentrale

---

[32] Vgl. (Zapf, 1984), S. 19; (Rupprecht, 1993), S. 34, 37f.; (Glatzer, 1992), S. 49f.
[33] Vgl. (Glatzer, 1992), S. 48f.; (Rupprecht, 1993), S. 76f.; (Zapf, 1984), S. 11.
[34] Vgl. (Glatzer, 1992), S. 49.
[35] Vgl. (Rupprecht, 1993), S. 75.
[36] Vgl. (Andrews & Withey, 1976), S. 6.
[37] Unter **Kennzahlen** versteht man „Zahlen, die in konzentrierter Form über einen zahlenmäßig erfassbaren betriebswirtschaftlichen Tatbestand informieren" (Staehle, 1976, S. 62).
[38] Vgl. (Ehrmann, 2004), S. 7; (Link & Weiser, 2006), S. 17; (Weber & Schäffer, 2006), S. 45.

Einflussfaktor. Die deutlich gestiegenen Anteile des Marketing an den Gesamtkosten eines Unternehmens von 20% auf bis zu 50% führen zu einer zunehmenden Rechenschaftspflicht der Marketing-verantwortlichen gegenüber der Unternehmensführung.[39]

Die Operationalisierung der LQ wird in Kapitel 5 vertieft.

[39] Vgl. (Reinecke & Janz, 2007), S. 25; (Sheth & Sisodia, 1995), S. 10; (Kirchgeorg, 2000), S. 409.; (Meffert, et al., 2008), S. 796.

3 Definition der Lebensqualität

Um dem Mangel der fehlenden einheitlichen Definition zu begegnen, wird im Folgenden eine Arbeitsdefinition von LQ für die vorliegende Diplomarbeit entwickelt. Sie verfolgt insbesondere das Ziel, den Tauglichkeitsanspruch als Definition für ein LQ-Marketing zu erfüllen.

3.1 Kriterien einer wissenschaftlichen Definition

Der Wortstamm des Begriffs „Definition" kommt von lat. „definitio" (was Begrenzung oder Bestimmung bedeutet) und weist auch Gemeinsamkeiten mit lat. „finis" (übersetzt Grenze, Ziel oder Ende) auf und vermittelt hierdurch bereits einen ersten Eindruck von seiner Bedeutung.[40] Es soll etwas abgegrenzt, eingegrenzt, festgesetzt und bestimmt werden. Nach dem Lexikon der Betriebswirtschaftslehre sind Definitionen eine unerlässliche Vorstufe der Theoriebildung (was als eindeutige Kritik an die bisherige Praxis der LQ-Forschung gewertet werden darf) und bestehen aus einem **Definiendum** (das Neue, Unbekannte, zu Definierende) welches durch ein **Definiens** (das Definierende, Alte, Bekannte) erklärt wird.[41] Den Begriffen kommt hierbei jedoch kein Eigenwert zu. Definitionen haben für sich allein keinen Aussagewert, sondern werden im Wege der Begriffsexplikation nach den Kriterien der Leistungsfähigkeit der damit gebildeten Theorie, der Ähnlichkeit zwischen altem und neuem Begriff, Exaktheit und Einfachheit gebildet.[42] Definitionen sind folglich Sprachregelungen zu Sachverhalten aus Gründen der Zweckmäßigkeit. Sie werden in unterschiedliche Darstellungsformen gefasst, z. B. verbal oder durch eine sog. Definitionsgleichung.[43] Aus Sicht der Wissenschaftstheorie ist eine Definition die Gleichsetzung eines bisher noch unbekannten Wortes mit einer Kombination mindestens zweier bekannter Wörter. Eine Aussagenfolge kann also nie mit einer Definition begonnen werden, da diese bereits bekannte Wörter voraussetzt, mit deren Hilfe die Unbekannten definiert werden können.[44]

Eine **operationale Definition**, wie sie hier zum Konstrukt LQ formuliert werden soll, zielt hingegen auf eine gegenseitige Zuordnung von Begriffen welche

[40] Vgl. (Seiffert, 1997), S. 49.
[41] Vgl. (Corsten, 2000), S. 183f.; (Woll, 1996), S. 118.
[42] Vgl. (Woll, 1996), S. 117; (Dubislav, 1981), S. 7.
[43] Vgl. (Dubislav, 1981), S. 18ff.
[44] Vgl. (Seiffert, 1997), S. 49.

keineswegs in einem exakt bestimmbaren Verhältnis zueinander stehen müssen. Es handelt sich vielmehr um den Austausch eines angeblich mit wissenschaftlichen Methoden nicht erfassbaren Begriffs oder eines theoretischen Konstrukts (hier der LQ) durch einen konkret messbaren Sachverhalt.[45] Ob jemand gebildet ist kann man nicht direkt feststellen, sondern nur indirekt, indem man z. B. den jeweils höchsten Schulabschluss feststellt, den eine Person aufweisen kann. Ein weiteres Beispiel sei angeführt: Eine Ehe wird als *glücklich* angesehen, wenn sie mindestens zehn Jahre nicht geschieden wird. Die operationale Definition geht also davon aus, dass man Konstrukte wie *Bildung* oder *glückliche Ehe* nicht direkt wissenschaftlich erfassen kann. Mit phänomenologischen und hermeneutischen Methoden wird dies schließlich durch die Umschreibung mittels der festgelegten Definition ermöglicht.[46]

3.2 Entwicklung einer operationalen LQ-Definition

Um eine operationale Definition für den Ausdruck LQ zu entwickeln wurde die Fachliteratur bezüglich der LQ-Definitionen untersucht und diese in eine Arbeitstabelle übertragen um einen Überblick über die verwendeten Definii zu erhalten und Schwerpunkte aufdecken zu können. **Anhang A** zeigt diese Tabelle, die einmal mehr die starke Fragmentiertheit des Begriffs kenntlich macht.

Für die Entwicklung einer eigenen Definition sollte vor allem die globale, auch für das Marketing geeignete Sichtweise der LQ berücksichtigt werden, ohne die historische Entwicklung des Begriffs zu schmälern oder die zukünftige Entwicklung einzuschränken.

Die gewonnenen Erkenntnisse berücksichtigend lautet die Arbeitsdefinition von LQ für die folgenden Kapitel:

„Lebensqualität ist eine komplexe Zusammenfassung von **objektiv** erfassbaren Standards in verschiedensten Bereichen des Lebens, welche nach **subjektiver** Wertigkeit und Wichtigkeit von jedem Individuum selbst beurteilt werden müssen. Lebensqualität ist ein **multidimensionaler** wie auch **multidisziplinärer** Begriff, dessen zusammensetzende **Determinanten** sich im Laufe des Lebens aus

[45] Vgl. (Seiffert, 1997), S. 50.
[46] Vgl. (Seiffert, 1997), S. 51.

Perspektive des **Individuums** wie auch vor veränderten politischen und gesellschaftlichen Rahmenbedingungen aus Perspektive des **Kollektivs verändern (können)**. Lebensqualität zielt als Leitwert sowohl auf das **Individuum** wie auch auf die **Gemeinschaft** und wirkt hier verbindend. Aktivitäten die zu einem **Mehr** an LQ führen müssen den Anspruch erfüllen, die eigene LQ zu verbessern, **ohne** dass ein Mehr davon **negative externe Effekte** abstrahlt und so die LQ anderer schmälert."

Der letzte Punkt der Definition manifestiert die Attraktivität des Begriffs als Leitwert und greift die von **Sirgy** und **Lee** (2004) an ein QoL-Marketing gestellte „Beneficiance-Nonmaleficiance"-Forderung (S. 44) auf (siehe hierzu Kapitel 6). Diese Definition, der man sicherlich ihre Länge zum Vorwurf machen kann, wurde etabliert, um im weiteren Vorgehen der Arbeit am Konstrukt LQ ein einheitliches Verständnis sicherzustellen. Sie fasst die Aussagen der LQ-Forschung zusammen. Schlussendlich wird in einem Zwischenfazit eine eigene Definition der Autorin präsentiert, welche knapper gefasst und universeller zu verstehen ist.

4 Konzeption der LQ

Ausgehend von der Schilderung der Problematik bezüglich der konzeptionellen Disparität um das LQ-Konzept wird ein Lösungsansatz präsentiert, der die Zielsetzung verfolgt, alle relevanten Konzepte zur LQ integrativ zu betrachten.[47] Um einen ersten Überblick zu vermitteln soll zur Veranschaulichung folgende Grafik dienen.

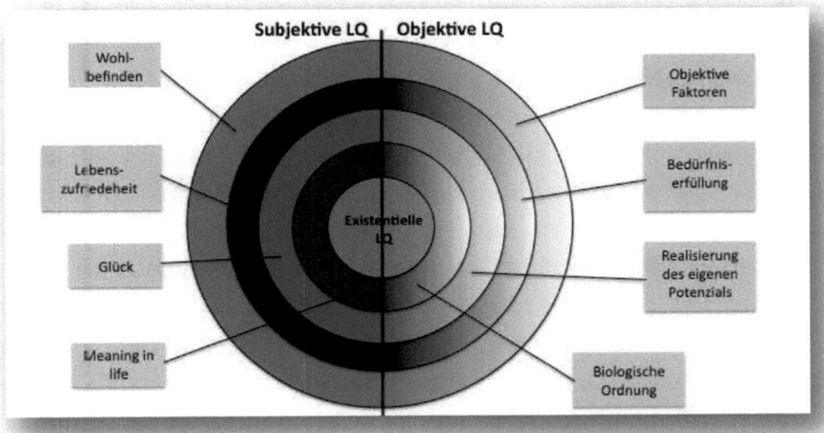

Abb. 1: Die "Integrative Quality-of-Life Theory" (IQoLT)[48]

Das abgebildete Konzept wurde von Sören Ventegodt et al. (2003) unter dem Namen „Integrated Quality of Life Theory" (S. 1030) entwickelt. Der Mediziner geht davon aus, dass ein Mensch nicht nur medizinisch über eine hohe LQ verfügen muss, sondern auch in psychologischer, ökonomischer, philosophischer und sozialer Hinsicht, um vollständige Gesundheit zu erlangen. Zwischen der greif- und sichtbaren Oberfläche des individuellen Lebens und seinem existentiellen Kern[49]

---

[47] **Anmerkung**: Die Autorin bittet um Nachsicht, dass zur besseren Verständlichkeit und Erläuterung der z. T. sehr philosophischen Konzepte an manchen Stellen eine etwas metaphorischere Ausdrucksweise gewählt wurde, als dies in wissenschaftlichen Arbeiten üblich ist.

[48] Vgl. (Ventegodt, et al., 2003), S. 1032.

[49] Die existenzielle LQ bezieht sich auf die Güte des Lebens in einer tieferen Ebene. Hierzu zählen bestimmte spirituelle oder religiöse Ideale mit denen der Einzelne in Einklang leben muss oder möchte um für sich Selbst von einem guten oder qualitativ hochwertigen Leben sprechen zu können. Ebenso die innere Harmonie, die sich einstellt, wenn der Einzelne seine Berufung erkennt und dieser folgt, oder innerlich reift und wächst in einem Prozess, den er selbst treibt und wertvoll erachtet. Vgl. (Ventegodt, et al., 2003), S. 1031. Andere Forscher integrieren subjektive und objektive Aspekte der LQ auf einer sogenannten höheren Lebens-Ebene. Dies wurde vielfach mit

im Innersten liegen diverse Schichten, welche die LQ auf verschiedenen Ebenen aus jeweils subjektiver und objektiver Perspektive determinieren.[50] Die Theorie ist für den Zweck dieser Arbeit insofern interessant, da sie nicht nur die objektiven und subjektiven Ansatzpunkte der LQ-Forschung verbindet, sondern auch schichtenartig die diversen mit der LQ verwandten Konzepte einordnet und somit ein ganzheitliches Verständnis des LQ-Konstrukts ermöglicht. Anstatt den „Streit um die Lebensqualität" (Birnbacher, 1998, S. 125) weiter zu verschärfen erkennt diese Theorie den Nutzen stiftenden Anteil verschiedener Konzepte an. In der Ganzheitlichkeit, die dem LQ-Konstrukt dadurch zu Teil wird, lässt sich hier erneut dessen Attraktivität und Potenzial als Leitwert erkennen. Die *Integrated Quality of Life Theory* (IQoLT) schafft so einen Theorierahmen in welchem alle relevanten LQ-Konzepte[51] integrativ abgebildet werden können. Ferner kann ihre Koexistenz dargestellt und gerechtfertigt werden, wie auch Interdependenzen offensichtlich und nachvollziehbar gemacht werden. Kritisch zu betrachten ist hingegen die Darstellung der Konzepte als sich gegenseitig entsprechende Ansätze auf jeweils subjektiver bzw. objektiver Ebene der Kreisringe. Es wird nicht erklärt, inwiefern beispielsweise die Lebenszufriedenheit auf der subjektiven Hälfte des LQ-Kreises der Bedürfnisbefriedigung auf derselben Darstellungsebene des Modells objektiv entspricht, wie die Interdependenz zu werten und zu verstehen ist. Darüber hinaus sind die Ansätze der *Biologischen Ordnung* sowie der *Realisierung des eigenen Potenzials* stark medizinisch geprägt und liefern keine weiterführenden Erkenntnisse für ein QoL-Konzept aus Marketing-Perspektive. Sie werden deswegen in dieser Arbeit nicht weiter vertieft, jedoch im Anhang kurz erläutert.[52] Insofern dient die Darstellung als grundlegender Überblick zu den diversen Konzepten und rechtfertigt die Auswahl der im Folgenden vorgestellten Konzepte welche für das Konstrukt der LQ von prägender Relevanz sind.

dem Begriff *flow* (Vgl. (Csikszentmihalyi, 2008), S. 61f., S. 80f., S. 86f. S. 91f., S. 95ff. sowie Kapitel IV) oder *sense of coherence* (Vgl. (Antonovsky, 1987), S. 19) umschrieben.

[50] Vgl. (Ventegodt, et al., 2003), S. 1032.

[51] Es sei angemerkt, dass bei der Vorstellung der Vertreter der einzelnen Theorien kein Anspruch auf Vollständigkeit erhoben werden kann. Vielmehr wird beabsichtigt, dem Leser ein möglichst facettenreiches Bild der Forschungsdisziplinen zu gewähren. Auch würde es den Rahmen dieser Arbeit übersteigen, die einzelnen Ansätze in ihrer Gänze zu vertiefen.

[52] Um Vollständigkeit zu garantieren findet sich eine Beschreibung des Konzepts der *Biologischen Ordnung* in **Anhang B** sowie der *Realisierung des eigenen Potenzials* in **Anhang C**.

4.1 Objektive und subjektive LQ

In erster Instanz ist jedoch eine Unterscheidung in die **objektive** und die **subjektive** LQ vorzunehmen, da hierin ein wesentlicher Streitpunkt der LQ-Forschung begründet liegt. Während die subjektive LQ beschreibt wie gut das Leben welches das Individuum führt nach dem eigenen Ermessen ist, beschreibt die objektive LQ wie das eigene Leben von externen Beobachtern wahrgenommen wird.

Zur **subjektiven LQ** zählen persönliche Ansichten, Meinungen oder Bewertungen einer Person darüber, wie sie persönlich das eigene Leben einschätzt. In diese subjektive Bewertung fließen sowohl die objektiven Lebensumstände als auch die kognitiven und affektiven Komponenten zur LQ ein.[53] Das Individuum evaluiert selbst, wie er oder sie die Dinge sieht. Ob eine Person mit dem eigenen Leben zufrieden oder glücklich ist, sind Aspekte, welche die subjektive Lebensqualität reflektieren.[54] Es wird bei der subjektiven Herangehensweise explizit die individuelle Einschätzung des Lebens durch den Einzelnen betont. Hier spielen auch Persönlichkeitsmerkmale des Einzelnen eine Rolle, die bei **Lane** (1996) als „Quality of Persons" (S. 259) bezeichnet und als konstitutives Element der LQ betrachtet werden. Ein eher depressiv, pessimistisch oder melancholisch veranlagter Mensch bewertet Ereignisse, Schicksalsschläge oder Erlebnisse anders als ein positiv gestimmter Optimist.[55]

Die **objektive Perspektive** wird stark von der Kultur geprägt, in der die Individuen leben. Die objektive LQ entfaltet sich in der Fähigkeit des Einzelnen, die Werte der Kultur zu adaptieren, sagt hingegen wenig über das eigentliche Leben dieser Person aus. Beispiele sind der soziale Status oder Statussymbole über die ein *gutes* Mitglied der Gesellschaft verfügen sollte. Anzumerken ist, dass sich *objektiv* hier auf externe und leicht nachvollziehbare Bedingungen bezieht, die verschiedene Beobachter identisch einschätzen können.[56]

Schon der griechische Philosoph Demokrit (460-371 v. Chr.) unterschied zwischen objektiver und subjektiver Qualität. Objektive Qualität beschreibt die Eigenschaften eines Objekts, die ihm von Natur aus anhaften. Subjektive Qualität kennzeichnet

[53] Vgl. (Rupprecht, 1993), S. 29f.; (Seifert, 1992), S. 2f.; (Smith, 2000), S. 422; (Glatzer, 1992), S. 48f.; (Andrews & Withey, 1976), S. 5f.; (Linke, 2006), S. 18.
[54] Vgl. (Ventegodt, et al., 2003), S. 1031.
[55] Vgl. (Costa & McCrae, 1984), S. 144ff.; (Lawton, 1984), S. 79f.
[56] Vgl. (Ventegodt, et al., 2003), S. 1031.

die Eigenschaften, die einem Objekt erst durch die individuelle Wahrnehmung zugeordnet werden.[57] Es sei der Unterschied betont, der zwischen einem guten Leben aufgrund objektiver Aspekte besteht und einem Leben, das der einzelne subjektiv für richtig und reich ansieht. So kann man z. B. in einem Sportwagen sehr unglücklich sein, jedoch durchwegs glücklich in einem alten VW-Käfer. Diese plakative Verallgemeinerung wird durch zahlreiche Studienergebnisse gestützt, die besagen, dass zwischen der Evaluation der objektiven LQ einer Person durch einen externen Dritten und deren eigenen subjektiven Wahrnehmung oft wenig Übereinstimmung herrscht.[58] Die objektivistische und subjektivistische Position sind nicht unvermittelt nebeneinander entstanden, sondern konvergieren in der praktischen Anwendung. Während die **Objektivisten** Ressourcen und Lebensbedingungen mit der LQ verknüpfen, nehmen die **Subjektivisten** an, dass durch Vergleichs- und Anpassungsprozesse Zufriedenheiten mit den Lebensbedingungen konstruiert werden und über spezifische Handlungen zurückwirken, wo die individuellen Handlungsressourcen eine aktive Einflussnahme zulassen.[59]

Nach umfassender Arbeit an diesem Thema sowie der Analyse zahlreicher Messinstrumente (siehe Kapitel 5) kommt die Autorin zu der Ansicht, dass die stringente Aufteilung der Konzepte in subjektive und objektive Ansätze wenig empirisch belegbar ist. Vielmehr existiert ein gleichberechtigtes, sich gegenseitig bedingendes Nebeneinander der beiden Betrachtungsweisen. Selbst die stark objektiv ausgerichteten Konzepte der Sozialindikatorenforscher oder Mediziner verzichten nicht darauf eine subjektive Einschätzung der Probanden oder Patienten abzufragen. Ebenso wenig wie die Lebenszufriedenheitsmessung, welche gemäß der IQoLT der subjektiven LQ zuzuordnen ist, auf objektive Faktoren als Referenzpunkt für die Evaluation der eigenen Zufriedenheit auskommt. Aufgrund dessen wird im Folgenden davon abgesehen, die vorzustellenden Konzepte einer objektiven oder subjektiven Kategorie zuzuordnen. Sucht der Leser eine grobe Orientierung wird sicherlich durch einen Blick auf die Abbildung der IQoLT deutlich, in welche Richtung die Ansätze jeweils tendieren. Zielsetzend wird in einem Zwischenfazit versucht nach Erläuterung der Konzepte

[57] Vgl. (Schischkoff, 1991), S. 469.
[58] Vgl. (Ventegodt, et al., 2003), S. 1037; (Zapf, 1984), S. 20, S. 24.
[59] Vgl. (Zapf, 1984), S. 20; (Strümpel, 1976), S. 47.

eine eigene Darstellung zu versuchen und die Konzepte zusammenfassend zueinander in Bezug zu setzen.

Im Folgenden werden die einzelnen Ansätze oder Konzepte zur LQ-Forschung ausführlich erläutert.

4.2 Wohlbefinden

Wohlbefinden oder Well-being wird als spontane Einschätzung der eigenen LQ verstanden. Die Frage nach dem Wohlbefinden beschreibt eine kurze Erkundigung nach dem aktuellen Befinden des Gegenübers. Damit wird die Person - wenn auch unbewusst - nach einer aktuellen Einschätzung der eigenen LQ gefragt.[60] Eine derartige Frage verlangt nicht nach einer längeren Erklärung der einzelnen Vorkommnisse im Leben des Anderen, vielmehr ist sie als spontane Einschätzung des Lebens im Allgemeinen gedacht und direkt, auf einfachem Wege und unkompliziert zu beantworten.[61] Die Frage nach dem Wohlbefinden indiziert keine lange, tiefe Diskussion über Themen wie den Sinn des Lebens oder Wünsche und Sehnsüchte. Wohlbefinden ist an dieser Stelle weitaus oberflächlicher. Begründer der modernen Wohlbefindensforschung ist Norman **Bradburn**.[62] Nach dessen *Affect-Balance-Theorie* wird das Wohlbefinden nicht nur durch die Abwesenheit von Unbehagen bestimmt, da positives und negatives Befinden unabhängig voneinander variieren können. So berücksichtigt die Theorie neben positiven und negativen Affekten auch die Ausgewogenheit dieser beiden Affekte.[63] Eine Person verfügt demnach über ein hohes Maß an subjektivem Wohlbefinden (SWB), wenn positive Affekte (wie z.B. Freude, Behagen oder Zufriedenheit) die wahrgenommenen negativen Affekte (wie z. B. Traurigkeit, Angst oder Verstimmung) übertreffen, wobei sowohl die Intensität als auch auf Häufigkeit der Affekte berücksichtigt wird.[64] Von der alleinigen Fokussierung auf die Affekte sind jedoch nicht alle Forscher überzeugt. **Liang** berücksichtigt zusätzlich einen kognitiven Aspekt womit Wohlbefinden als affektive und kognitive Bewertung der

[60] Vgl. (Vertegodt, et al., 2003), S. 1032.
[61] Vgl. (Sagiv & Schwartz, 2000), S. 177; (Liang, 1985), S. 552, (Zapf, 1984), S. 23.
[62] Vgl. (Bradburn & Caplovitz, 1965), S. 10f.
[63] Vgl. (Rupprecht, 1993), S. 27.
[64] Vgl. (Sirgy, 2002), S. 9.

gesamten Lebenssituation verstanden wird.[65] Einen weiter gefassten Rahmen spannen **Stock, Okun und Benin** auf: sie verstehen das subjektive Wohlbefinden als ein abstraktes, übergeordnetes Konstrukt, das affektive Reaktionen von Individuen auf einem positiv-negativ-Kontinuum bezüglich ihrer Lebenserfahrungen enthält. SWB ist hier ein *Umbrella*-Konzept, das untergeordnete Konzepte wie Glück, Zufriedenheit oder Moral spontan durch ein Globalurteil subsummiert.[66] Diese Sichtweise von subjektivem Wohlbefinden teilen auch **Diener et al.** für die das Konzept neben emotionalen Reaktionen auch Zufriedenheit in entscheidenden Lebensbereichen[67] und globale Urteile zur Lebenssituation umfasst.[68] Dezidierter stellt **Mayring** seine Auffassung von subjektivem Wohlbefinden als Vier-Faktoren-Ansatz dar. Zufriedenheit, Freude, Belastungsfreiheit und Glück manifestieren das subjektive Wohlbefinden, wobei Lebensqualität letztendlich aus dem SWB gepaart mit den objektiven Lebensbedingungen entsteht. Da Glück als der einflussreichste Faktor gewertet wird, wird dieser Ansatz in Kapitel 4.4 nochmals aufgegriffen.[69] Subjektives Wohlbefinden beschreibt nach **Sirgy** bereits die subjektive Lebensqualität.[70] So wird das subjektive Wohlbefinden aus seiner Perspektive als andauernder affektiver Zustand verstanden, der maßgeblich von Glückserleben oder einer Ansammlung positiver Affekte, Depressionserleben oder einer Häufung negativer Affekte und der Bewertung des Lebens in seiner Gänze oder in wichtigen Teilbereichen verstanden werden kann.[71]

4.3 Lebenszufriedenheit

Zufrieden zu sein impliziert, dass die eigenen Erwartungen, Bedürfnisse, Wünsche und Sehnsüchte erfüllt sind.[72] Es gibt verschiedene klassische Zufriedenheitstheorien, die sich auf die LQ anwenden lassen. Eine weit verbreitete ist die Präferenz-Theorie. Diese besagt, dass das Leben dann gut beurteilt wird,

[65] Vgl. (Liang, 1985), S. 559.
[66] Vgl. (Stock, Okun, & Benin, 1986), S. 91.
[67] An dieser Stelle sei der Begriff der Dimensionen von LQ eingeführt, der v. a. in den folgenden Kapiteln Relevanz erhält. Eine **LQ-Dimension**, Lebensbereich, Kategorie oder auch (Life) Domain genannt, ist ein „Erfahrungsbereich des Lebens, welcher für eine Vielzahl von Menschen signifikant ist und von dem angenommen wird, dass er zur Lebensqualität beiträgt" (Samli, Sirgy & Meadow, 1987, S. 6). Andrews & Withey (1976) definieren life domain als „(...) an aspect of life about which people have feelings" (S. 11).
[68] Vgl. (Diener, Kahnemann, & Schwartz, 1999)S. 2.
[69] Vgl. (Mayring, 1991a), S. 76ff.
[70] Vgl. (Sirgy, 2002), S. 3.
[71] Vgl. (Sirgy, 2002), S. 10.
[72] Vgl. (Ventegodt, et al., 2003), S. 1033f.; (Erikson, 1974), S. 275.

wenn man die eigenen Wünsche erfüllt sieht. *Erfüllt sieht*, weil es nicht ausreicht, dass sich die Sehnsüchte erfüllen. Der Einzelne muss erleben, dass sie das wirklich tun und es für sich bewusst wahrnehmen. Diese Theorie lässt es dem Einzelnen offen, seine Ziele selbst zu definieren, was sich sowohl in einer Sammelleidenschaft ausdrücken kann, als auch darin Freundschaften zu pflegen oder Erfolg im Beruf zu haben. So kann Lebenszufriedenheit auch als Summe der Zufriedenheiten in einzelnen, persönlich wichtigen Lebensbereichen aufgefasst werden.[73] Die Theorie unterscheidet nicht zwischen konstruktiven und destruktiven Zielen.[74] Von zentraler Bedeutung ist bei den diversen Zufriedenheitsansätzen die Betonung des **kognitiven Aspekts**.[75] So definieren **Neugarten, Havighurst und Tobin** (die das wohl bekannteste Messinstrument zur Lebenszufriedenheit, den *Life Satisfaction Index,* entwickelten) Zufriedenheit mittels fünf Dimensionen: Lebensfreude, Lebensmut oder Entschlossenheit, positives Selbstbild, optimistisch-fröhliche Stimmung gegenüber der psychischen und sozialen Situation sowie dem Grad der Übereinstimmung zwischen den angestrebten und den erreichten Zielen.[76] Auch **Campbell, Converse und Rogers** (1976) gehen davon aus, dass Lebenszufriedenheit in einem Bewertungsprozess entsteht. Sie betonen die Wahrnehmung des eigenen Lebens über die objektiven Lebensbedingungen und definieren „Life Satisfaction (...) as the perceived discrepancy between aspiration and achievement, ranging from the perception of fulfillment to that of deprivation" (S. 8). Abhängig von dem eingeschätzten Unterschied entsteht ein als Lebenszufriedenheit zu bezeichnendes Gefühl von Dissonanz oder Kongruenz.[77] Um dem Gefühl der Dissonanz zu begegnen, lässt sich innere Balance oder Harmonie auf zwei unterschiedliche Arten herstellen: entweder durch Anpassung der Außenwelt an die eigenen Träume oder durch Aufgabe der eigenen, scheinbar unrealistischen Sehnsüchte und somit durch Anpassung der eigenen Wünsche an die externe Welt. Beide Vorgehensweisen generieren denselben Zufriedenheitswert.[78] Dennoch bringen die zwei Wege grundsätzlich unterschiedliche Lebensweisen mit sich: ersterer erzeugt ein Leben nach den

[73] Vgl. (Glatzer, 1984), S. 202.
[74] Vgl. (Ventegodt, et al., 2003), S. 1034.
[75] Vgl. (Mayring, 1991a), S. 75; (Sirgy, 2002), S. 10f., (Glatzer, 1992), S.50; (Diener, Emmons, Larsen, & Griffin, 1985), S.71; (Neal, Sirgy, & Uysal, 1999), S. 154f., betonen v.a. den kognitiven Vergleichsprozess; (Rahtz & Sirgy, 2000), S. 167.
[76] Vgl. (Rupprecht, 1993), S. 26; (Neugarten, Havighurst, & Tobin, 1961), S. 136; (Stieger, 2005), S. 11.
[77] Vgl. (Mayring, 1991a), S. 75.
[78] Vgl. (Ventegodt, et al., 2003), S. 1033.

eigenen Vorstellungen, der Lebenstraum erfüllt sich, letzterer hingegen Resignation. Jedoch führen beide Wege zu einem zufriedenen Leben. Das heißt, dass Zufriedenheit nicht notwendigerweise die Erfüllung der eigenen Sehnsüchte oder Bedürfnissen beinhaltet. So erklärt sich, warum Personen, die ein schwieriges Leben führen, wie z. B. chronisch Kranke oder Arme dennoch zufrieden sind: durch einen Prozess gradueller Resignation haben sie sich an die äußeren Umstände ihrer Situation angepasst, man spricht von Adaption oder dem *Zufriedenheitsparadox*.[79] Auf der anderen Seite kann man mit dem Leben zufrieden sein und sich dennoch innerlich schlecht fühlen, was mit Dissonanz oder auch als *Unzufriedenheitsdilemma* bezeichnet wird.[80] Der Prozess, sich an seine Umwelt anzupassen, kann dazu führen, dass die Person innerlich schwer enttäuscht ist, den Lebenstraum aufgegeben zu haben und einen Kompromiss zu leben. Sie wird nicht unzufrieden sein, aber das eigene Leben bedeutungslos erachten. Lebenszufriedenheit ist demnach nicht gleichbedeutend mit einem erfüllten, sinnvollen Leben.[81] Zufriedenheit als einzigen Indikator für LQ zu betrachten ist deswegen problematisch, da ein gutes Leben mehr beinhaltet als nur zufrieden zu sein: Glück, Sinnhaftigkeit oder Erfüllung der eigenen Sehnsüchte.[82] Dies greift auch **Jersild** (1954) auf: "Throughout life, satisfaction will arise from unimpeded activity, successful achievement, and ventures into new activities which give a person a broadened conception of himself" (S. 902).

4.4 Glück

Eine einheitliche Definition des Begriffs Glück gestaltet sich nicht nur fachlich schwierig.[83] Die deutsche Sprache versteht Glück einerseits im Sinne von *Zufall* andererseits im Sinne von *Erfüllung*. Andere Sprachen, wie zum Beispiel das Englische unterscheiden *luck* (was im Deutschen dem *zufälligen* Glück entspricht) und *happiness* (Glück im Sinne von *Erfüllung*).[84] Glück entsteht tief im Individuum und setzt ein gewisses Maß an Balance oder Symmetrie der Psyche voraus. Es wird am besten durch Metaphern beschrieben, in der Literatur am treffendsten von

[79] Vgl. (Zapf, 1984), S. 25; (Rupprecht, 1993), S. 39.
[80] Vgl. (Zapf, 1984), S. 25; (Rupprecht, 1993), S. 39.
[81] Vgl. (Ventegodt, et al., 2003), S. 1034.
[82] Vgl. (Ventegodt, et al., 2003), S. 1034; (Sirgy, 2002), S. 9ff.
[83] Vgl. (Szymanski, 2000), S. 352.
[84] Vgl. (Mayring, 1991a), S. 12.

Philosophen.[85] So wird Glück beispielsweise als Rauschzustand beschrieben, als seltene „Süßigkeit des Lebens" (Ventegodt, et al., 2003, S. 1034) vergleichbar mit „kleinen Blasen" (Ventegodt, et al., 2003, S. 1034) die aus den Tiefen des Selbst aufsteigen. Nach **George** ist Glück ein kurzfristiger, positiver emotionaler Zustand, der schnellen Veränderungen unterworfen ist und eine affektive Einschätzung oder Erfassung der subjektiven LQ darstellt.[86] Die Kurzfristigkeit des Begriffs Glück betonen auch **Thomas und Stock** bei ihrer Konzeption des Konstrukts als emotionalen Zustand, der oftmaligen Veränderungen unterliegt und sich ebenfalls als eine affektive Einschätzung der subjektiven LQ darstellt.[87] Auch **Campbell et al.** verstehen Glück als rein affektives Konstrukt, geprägt von Heiterkeit, gehobener Stimmung und Fröhlichkeit, d. h. dem Vorhandensein positiver Emotionen sowie der Abwesenheit negativer Gefühle und beziehen ihre Definition somit auf die Bradburn'sche *Affect-Balance-Theorie*.[88] Für **Lu** setzt sich Glück aus drei Komponenten zusammen: dem Vorhandensein positiver Emotionen, dem Ausbleiben negativer Emotionen sowie der Lebenszufriedenheit zusammen.[89] Die Erwähnung der negativen Emotionen als Bestandteil einer Glückstheorie ist nicht außergewöhnlich. Tatsächlich beschäftigen sich die meisten wissenschaftlichen Arbeiten zu Gefühlen in der Psychologie mit Angst, Depression oder anderen negativen Gefühlszuständen, dem Gegenteil von Glück.[90] **Argyle's** Ansatz ist empirischer als die bisher vorgestellten und gründet in der Evaluation von Glücks-Messinstrumenten. Er schließt ebenso wie Lu die Zufriedenheitskomponente mit ein und kommt zu dem Schluss, dass Glück zwei Schwerpunkte aufweist. Zum einen den emotionalen Schwerpunkt, der das *feeling in a good mood* betont und durch Genuss, Freude oder Spaß beschrieben wird. Zum anderen den kognitiv, reflektierenden Schwerpunkt, der die Zufriedenheit betont und sich in Gelassenheit, Entspanntheit und dem Gefühl der Erfüllung niederschlägt.[91] Ist eine Person nach Ansicht von **Sirgy** glücklich, so erlebt sie über einen längeren Zeitraum positive Affekte wie z. B. Freude, die in verschiedenen Lebensbereichen durch positive Ereignisse hervorgerufen wurden. Sirgy versteht Glück als affektives Element des subjektiven Wohlbefindens, wobei sich der Glückszustand aber auch

[85] Vgl. (Ventegodt, et al., 2003), S. 1034.
[86] Vgl. (George, 1981), S. 351f.
[87] Vgl. (Thomas & Stock, 1988), S. 142, S. 148.
[88] Vgl. (Campbell, Convers, & Rogers, 1976), S. 8.
[89] Vgl. (Lu, 1999), S. 79.
[90] Vgl. (Argyle, 1987), S. 1.
[91] Vgl. (Argyle, 1987), S. 2.

durch die kognitive Bewertung der Affekte einstellen kann.[92] Von **Mayring** stammt die umfangreichste Glücksdefinition. Wie Sirgy schließt er neben den affektiven auch kognitive Faktoren mit ein.[93] In seinem *Vier-Faktoren-Ansatz* stellt Mayring Glück als den zentralsten der vier Wohlbefindensbegriffe dar, zu denen neben Glück Belastungsfreiheit, Freude und Zufriedenheit zählen.[94] Er versucht die Komplexität des Glücksbegriffs mit dem *State-Trait-Ansatz*, dem *transaktionalen Modell* und dem *Einflussfaktorenmodell* zu strukturieren. Das *State-Trait-Konzept* will zeigen, dass Glück mehr als nur ein momentanes, subjektives Glückserleben (*State*) ist. Sondern darüber hinaus mit der *Trait*-Komponente die psychischen, charaktergeprägten Wesenszüge einer Person mit einbezieht und so kognitive und biografisch entwickelte Faktoren berücksichtigt.[95] Das *transaktionale Modell* bestimmt Glück als breites, die emotionale, kognitive und aktive Ebene beinhaltendes Erleben, welches die gesamte Persönlichkeit betrifft, lebenslang aufgebaut wird und die Ich-Bezogenheit des Individuums überschreitet.[96] Es lässt das Glück in einer doppelten Natur erscheinen.[97] „(...) Es ist ein innerer Zustand, der aber der Hilfe von außen bedarf; wir haben ihn in uns, nicht aber durch uns. Die äußere Welt an sich verschafft uns das Glück nicht, auch ein günstiges Schicksal hilft nicht, wenn uns die entsprechende innere Haltung fehlt. Die innere Haltung aber muss auf die äußere Welt gerichtet sein; sie muss das Leben ausfüllen, andernfalls wird es arm und langweilig sein" (Tatarkiewicz, 1984, S. 143). Durch das transaktionale Modell wird impliziert, dass eine reine Ich-Bezogenheit für das Glückserleben nicht ausreichen dürfte. Vielmehr spannt es eine Individuum-Umwelt-Perspektive auf. Es wird betont, dass situative Faktoren immer subjektiv interpretiert werden, dass sie subjektiv hergestellt und sozial vermittelt werden.[98] Abschließend untersucht Mayring durch das *Einflussfaktorenmodell* mittels Korrelationsstudien, welche konkreten Faktoren mit Glücksgefühlen einhergehen.[99]

Die Frage, ob Glück ein Faktor der Persönlichkeitsstruktur ist wurde von Ruut **Veenhoven** überprüft. Ausgangspunkt ist die Annahme, dass eine glückliche Persönlichkeit verschiede Formen aufweisen kann. Ist Glück angeboren, eine

[92] Vgl. (Sirgy, 2002), S. 9ff.
[93] Vgl. (Mayring, 1991a), S. 105.
[94] Vgl. (Mayring, 1991a), S. 76ff.
[95] Vgl. (Mayring, 1991a), S. 87ff.
[96] Vgl. (Mayring, 1991a), S. 105.
[97] Vgl. (Mayring, 1991a), S. 93.
[98] Vgl. (Mayring, 1988), S. 203.
[99] Vgl. (Mayring, 1991a), S. 94.

sogenannte *temperamental disposition*, die manche Menschen dazu befähigt ihre positive Lebenseinstellung sogar in schwierigen Situationen zu bewahren? Während andere zu depressiven Gedanken tendieren und selbst vorteilhafte Ereignisse für sich negativ bewerten?[100] Oder ist Glück eine *acquired disposition*, eine positive Lebenseinstellung, die manche Menschen im Laufe des Lebens entwickeln, wohingegen andere eine negative Einstellung entwickeln?[101] Glück als Persönlichkeitseigenschaft zu verstehen impliziert, dass Menschen geneigt sind, ihr individuelles Level von Glück oder Unglück beizubehalten und dass eine Verbesserung oder Verschlechterung ihrer Lebenssituation sie nicht glücklicher macht.[102] Diese Ansicht vertreten auch **Costa et al**. (1987): "(...) happiness is ultimately also independent of health, youth, power and other life circumstances (...)" (S. 305). Glück ist nach Veenhoven ein Persönlichkeitsmerkmal, wenn es drei Kriterien erfüllt: zeitliche Stabilität, situationsübergreifende Stabilität und inneren Ursprung. Nachdem Veenhoven diese drei Kriterien in einer Analyse von Längsschnittstudien getestet hat, kommt sie zu dem Ergebnis, dass Glück relativ stabil in der kurzen Frist, jedoch nicht in der langen Frist ist. Außerdem ist Glück nicht unanfällig für Schicksalsfügungen oder -schläge und nicht gänzlich intrinsisch. Sein genetischer Ursprung wirkt bestenfalls mäßig im Lebensverlauf und psychologische Faktoren erklären nur einen Teil der Varianz.[103] Demgegenüber steht **Freud** (1982), der dem Glück eine eindeutig kurzfristige Komponente zuschreibt: "Die Fortdauer einer vom Lustprinzip ersehnten Situation ergibt nur ein Gefühl von lauem Behagen; wir sind so eingerichtet, dass wir nur den Kontrast intensiv genießen können, den Zustand nur sehr wenig" (S. 208).

Zusammenfassend wird offensichtlich, wie vielschichtig die diversen Ansätze zur Glücksforschung sind. Objektive und subjektive Ansichten stehen aktiven und passiven Ansichten gegenüber. Kurzfristiges Erleben wird mit einer lebenslangen positiven Einstellung verbunden. Affektives Fühlen wird schrittweise um ein emotionales Stimmungsbild und kognitives Bewerten erweitert. Die Notwendigkeit eines positiven Selbstbildes konkurriert mit dem Bild, das Andere von uns entwerfen. Äußeren Faktoren können zu Glück führen, dem aber auch im Wege stehen.

---

[100] Vgl. (Veenhoven, 1994), S. 102f.
[101] Vgl. (Veenhoven, 1994), S. 103, (Lieberman, 1970), S. 74.
[102] Vgl. (Veenhoven, 1994), S. 103.
[103] Vgl. (Veenhoven, 1994), S. 101.

Aus Sicht der **IQoLT** ist Glück eng mit einer körperlichen Erfahrung verbunden, jedoch nicht auf diese beschränkt. Es umfasst die gesamte menschliche Existenz und zeichnet sich insbesondere durch die Intensität eines Erlebnisses aus.[104] Die Intensitäts-Dimension hebt das Glückskonzept am deutlichsten von den bisher vorgestellten LQ-Konzepten ab, ohne es vollständig vom Wohlbefindensansatz oder der Lebenszufriedenheitsforschung zu lösen. Glück wird oft mit Wesenszügen und Lebensführung in Verbindung gebracht: es wird vor allem von Menschen erlebt, die in außergewöhnlicher Harmonie mit der eigenen Natur leben.[105] Gemeinhin wird nicht angenommen, dass man Glück erlangen kann, in dem man lediglich die gängigen kulturellen Normen befolgt.[106] Glückserleben verlangt sich der Resignation entgegenzusetzen und sich aktiv für die eigenen Ziele einzusetzen.[107] Hier zeigt sich eine Parallele zur Freude, ein Gefühl, das sich nur als Folge ungewöhnlicher Aufmerksamkeit einstellt. Im Gegensatz hierzu ist Vergnügen ohne den Einsatz psychischer Energie erlebbar.[108]

4.5 (Lebens-) Sinn

Lebenssinn ist ein bedeutungsvolles Konzept, wird in der LQ-Forschung jedoch selten thematisiert. Allein der Begriff *Sinn* ist schwer zu erfassen: wie spricht man vom Sinn des Sinnes?[109] Aus diesem Grund finden sich zur Erläuterung dieses Aspekts in erster Linie die Ansätze bedeutender Philosophen und die Leitwerte der Weltreligionen. Sucht man nach dem Sinn des Lebens, bringt man sich damit oft in eine verwirrende Situation. Man beginnt, den Wert aller Lebensfacetten aus einer neuen Perspektive zu betrachten. Die Suche nach dem Sinn des Lebens beinhaltet die Akzeptanz der Bedeutungslosigkeit und zugleich der Wichtigkeit und Sinnhaltigkeit des Lebens einhergehend mit der Notwendigkeit, das Bedeutungslose im eigenen Leben durch Sinnhaltiges zu ersetzen.[110] Um es mit Erich **Fromm's** Worten auszudrücken muss ein Bewusstsein entwickelt werden, dass die volle Entfaltung der eigenen Persönlichkeit das höchste Ziel des

---

[104] Vgl. (Ventegodt, et al., 2003), S. 1034.
[105] Vgl. (Seneca, 1953), S. 1, S.7, S. 9; (Ventegodt, et al., 2003), S. 1034.
[106] Vgl. (Ventegodt, et al., 2003), S. 1034.
[107] Vgl. (Fromm, 1976), S. 15; (Epikur, 1956), S. 44; (Seneca, 1953), S. 3; (Ventegodt, et al., 2003), S. 1034; (Freud, 1982), S. 211.
[108] Vgl. (Csikszentmihalyi, 2008), S. 71.
[109] Vgl. (Csikszentmihalyi, 2008), S. 283.
[110] Vgl. (Ventegodt, et al., 2003), S. 1034f.

menschlichen Lebens ist.[111] Es zeigt sich, dass die Beantwortung der Sinn-Frage sehr persönlich ist und durchaus komplex zu beantworten. Es geht in erster Linie darum, die notwendigen Fähigkeiten zu entwickeln, mit der Sinnfrage umzugehen.[112] Bei **Csikszentmihalyi** heißt Sinn oder Bedeutung schaffen, Ordnung in den Inhalt des Bewusstseins zu bringen, indem die Handlungen eines Menschen zu einer einheitlichen *flow*-Erfahrung[113] geführt werden. Menschen, die ihr Leben als sinnvoll erachten, haben gewöhnlich ein Ziel, das herausfordernd genug ist, all ihre Energie zu beanspruchen. Dabei hat das Ziel an sich geringere Bedeutung. Vielmehr ist es die Zentrierung der Aufmerksamkeit des Menschen auf dieses Ziel und dass aus der Anstrengung zu dessen Erreichung eine machbare, erfreuliche Aktivität resultiert.[114] So fällt seine Antwort auf die Frage nach dem Lebenssinn erstaunlich schlicht aus: „Der Sinn des Lebens ist Sinn, was immer er ist, wo immer er herstammt; ein einheitlicher Zweck gibt dem Leben einen Sinn“ (Csikszentmihalyi, 2008, S. 284). Erkennt jemand seine Wünsche und arbeitet sinnvoll auf deren Erfüllung hin, stehen seine Gedanken, Gefühle und Handlungen miteinander in Einklang, er hat innere Harmonie erreicht. Er weiß, dass seine psychische Energie nicht an Zweifel, Reue, Schuld oder Angst verschwendet, sondern nützlich angelegt ist. Lebenssinn stiftet inneren Einklang, der letztlich zu innerer Stärke und Gelassenheit führt.[115] Der Sinn des Lebens ist ein zentrales Thema der **Weltreligionen**, man kann diese auch als Theorien zum Sinn des Lebens verstehen.[116]

---

[111] Vgl (Fromm, 1976), S. 167.
[112] Vgl (Csikszentmihalyi, 2008), S. 101.
[113] Csikszentmihalyi (1990) charakterisiert eine *flow*-Erfahrung als " (…) a sense that one's skills are adequate to cope with the challenges at hand, in a goal-directed, rule-bound action system that provides clear clues as to how well one is performing. Concentration is so intense that there is no attention left over to think about anything irrelevant, or to worry about problems. Self-consciousness disappears, and the sense of time becomes distorted. An activity that produces such experiences is so gratifying that people are willing to do it for its own sake, while little concern for what they will get out of it, even when it is difficult, or dangerous" (S. 71).
[114] Vgl. (Csikszentmihalyi, 2008), S. 283f.
[115] Vgl. (Csikszentmihalyi, 2008), S. 285.
[116] Das Ziel des Lebens aus **hinduistischer** Perspektive ist beispielsweise die Erfahrung von Einheit und den Einklang mit der Welt zu erlangen. Vgl. (Ventegodt, et al., 2003), S. 1035. Der **Buddhismus** erstrebt die völlige Leere oder das Nirwana, das darin begründet ist, eins mit der tiefsten Bedeutung des Seins zu sein. Nachdem der Meditierende die fünf Hemmungen (Begehren, das durch die Reize der Sinneswelt entsteht) überwunden hat erlebt er die Phasen der Versenkung. Auf das Loslassen folgen der innere Frieden und die Einung des Denkens und damit Friede und Freude aus der Sammlung. Nachdem er sich von Freude und Glück frei gemacht hat, erreicht er tiefen Gleichmut und besonnenes Überdenken. Schließlich richtet er sein Denken auf die Erkenntnis der Vernichtung der *schlechten Einflüsse*. Er erkennt die *Vier edlen Wahrheiten* und erlöst sein Denken von Sinneslust, Werdelust und Nichtwissen. Im Erlösten ist die Erlösung. Vgl. (Buddha, 1957), S. 100f. Viele **indianische** Stämme sehen den Sinn oder das Ziel des Lebens in der Erfahrung ihrer eigenen Ganzheit. Im **Christentum** wird die Botschaft der Liebe Gottes und des

Eine moderne Theorie zum Lebenssinn beschreibt die **Life Mission Theory**.[117] Diese formuliert eine Anleitung, wie der Mensch, der seine wahre Natur, seine Bestimmung im Laufe des Lebens durch erzieherische und kulturelle Eingriffe oder emotionales Leid verloren hat zu sich selbst und so letztendlich zu einem qualitativ hochwertigem Leben finden kann.[118] Indem das Individuum seine ihm eigene Bestimmung zum Mittelpunkt des Lebens macht, entfaltet es seine ganz Persönlichkeit. Volle Entfaltung ist dann gegeben, wenn die Person unter vollster Akzeptanz des eigenen Körpers und Lebens, mit festen Überzeugungen all seine Kraft investiert, sein ihm eigenes Talent zu nutzen, um zum Weltgeschehen beizutragen. Das Erkennen der eigenen Talente, der potenziellen Kräfte und das Akzeptieren des menschlichen Körpers und Geschlechts umfasst spirituelle, mentale, emotionale, physische und biologisch-sexuelle Dimensionen.[119] In diesem salutogenetischen Prozess der Entwicklung der eigenen Persönlichkeit, kann Lebensqualität als Medizin, als Heilmittel verstanden werden.[120] Hier zeigt sich eine deutliche Kongruenz zu dem weiter oben vorgestellten Ansatz Csikszentmihalyi's: Zweck, Entschiedenheit und Harmonie lassen das Leben als Einheit erscheinen und geben ihm einen Sinn.[121] Auch **George & Bearon** (1980) hielten die Rolle der spirituellen LQ fest: "Throughout history, people have written about ‚the good life'. While the details of their descriptions of the good life may have differed, probably all would have agreed that man strives for material and spiritual well-being" (S. 1).

4.6 Bedürfniserfüllung

Der Anknüpfungspunkt der Bedürfnisbefriedigung an das Konzept der LQ liegt in der Feststellung, dass Individuen Bedürfnisse haben, die sie zu befriedigen versuchen. Je mehr dies gelingt, desto positiver wird die LQ eingestuft.[122] Bedürfnisse werden als Ausdruck der menschlichen Natur verstanden. Die

Nächsten zum zentralen Leitmotiv des christlichen Lebens. Zehn Gebote leiten ein gutes Leben an und stiften den Sinn des Lebens: dies so tugendhaft zu bewältigen, um nach dem Tod ins Himmelreich eingehen zu dürfen. Vgl. (Ventegodt, et al., 2003), S. 1035.

[117] Vgl. (Ventegodt, Andersen, & Merrick, 2003c), S. 1272ff.

[118] Vgl. (Ventegodt, Andersen, & Merrick, 2003d), S. 1277; (Csikszentmihalyi, 2008), S. 294f.

[119] Vgl. (Ventegodt, Andersen, & Merrick, 2003e), S. 1286.

[120] Vgl.(Ventegodt, Merrick, & Andersen, 2003a), S. 1041.

[121] Vgl. (Csikszentmihalyi, 2008), S. 285.

[122] Vgl. (Sirgy, 2002), S. 34; (Specht, 1974), S. 13; (Ventegodt, et al., 2003), S. 1036.

Erkenntnisse zu diesem Konzept beruhen auf der Arbeit Abraham **Maslows**.[123] Die von dem amerikanischen Psychologen etablierte Bedürfnispyramide ist den meisten Menschen ein Begriff. Die wenigsten wissen hingegen, dass sie ursprünglich als Anleitung zur Verbesserung der eigenen LQ erdacht wurde.[124] Maslow charakterisierte das *gute Leben* durch die Erfüllung von acht verschiedenen Bedürfnisebenen. Seiner Meinung nach stellen sich Glück, Gesundheit und Erfolg dann ein, wenn man Verantwortung für sich selbst übernimmt und versucht, seine eigenen Bedürfnisse auf allen Ebenen zu befriedigen. Man muss sich allerdings selbst sehr gut kennen, um die eigenen Bedürfnisse zu erkennen. Diesem Problem versuchte Maslow zu begegnen, indem er einen universellen Weg zur Entwicklung der eigenen Persönlichkeit aufzeigt: eine Art Treppenmodell, das Berühmtheit durch seine Interpretation als *Hierarchy of Needs* (siehe Abb. 2) oder *Bedürfnispyramide* erlangt hat. Sind die Bedürfnisse auf einer Ebene befriedigt, werden die der nächsten Stufe offensichtlich. So entwickelt sich die Persönlichkeit und die eigene LQ progressiv mit der Erfüllung der Bedürfnisse.

Abb. 2: Die Bedürfnispyramide nach Maslow[125]

[123] Vgl. (Maslow, 1943), S. 394f.
[124] Vgl. (Ventegodt, Merrick, & Andersen, 2003b), S. 1050.
[125] (Meffert, et al., 2008), S. 120 in Anlehnung an Maslow (1970).

Maslow beschreibt ein ideales Leben als *Reise* durch die acht Bedürfnisstadien, beginnend mit den konkreten, bodenständigen Bedürfnissen bis hin zu den abstrakten an der Spitze der Pyramide.[126] Bezieht man die zuvor beschriebene **Life Mission Theorie** mit ein, nach dieser jeder ein einzigartiges Talent besitz, lässt sich Maslows Ansatz neu und vereinfacht interpretieren: als Weg zur Realisierung dieses ureigensten Talents sowohl im privaten wie auch im beruflichen Bereich. Durch Formulierung des eigenen Lebenssinns wird das Ziel des Lebens formuliert. Der Weg zu dessen Erreichung wird durch die Erfüllung der Bedürfnisse beschritten.[127]

Abschließend soll der Unterschied zu den anderen Konzepten heraus gestellt werden. Die Bedürfniserfüllung wird als Konzept zur Betrachtung der LQ miteinbezogen, da es eine wichtige Schnittstelle zwischen den tiefen, existenziellen Aspekten und den oberflächlichen, objektiven Faktoren darstellt. Des Weiteren sind Bedürfnisse eng mit Begierden, Sehnsüchten und der Befriedigung verbunden, wenn sich Wünsche erfüllen. So stellt sich eine enge Verwandtschaft mit der Zufriedenheit heraus.[128] Die Erfüllung der Bedürfnisse ist nicht identisch mit dem Wohlbefindensansatz, da Bedürfnisse mit Aspekten der menschlichen Natur verbunden sind. Dennoch wird dadurch nicht ausgeschlossen, dass wir uns wohl fühlen, wenn unsere Bedürfnisse erfüllt sind. Dieser Ansatz für das Marketing von besonderem Interesse. Um ihre Bedürfnisse zu erfüllen handeln Menschen zielführend.[129] So sind beispielsweise viele Aktivitäten im Bereich Konsum als klare Handlungen zur Bedürfnisbefriedigung. Aus diesem Grund werden zu diesem Ansatz Messinstrumente evaluiert, die den Zusammenhang zwischen Konsum und LQ darstellen, da diese meist auf der Theorie zur Bedürfnisbefriedigung basieren. Nach einer Studie von **Csikszentmihalyi** tragen vor allem die **existentiellen Bedürfnisse** zur Verbesserung der LQ bei. Das Konsumentenverhalten wird maßgeblich durch den Wunsch bestimmt, existenzielle Bedürfnisse zu befriedigen, wie z. B. das Bedürfnis *Essen* über den Erwerb von Nahrungsmitteln.[130] Neben den existenziellen Bedürfnissen sind **erlebnisorientierte Bedürfnisse** für Konsumentenentscheidungen verantwortlich. Diese zielen nicht darauf ab, ein spezifisches Bedürfnis zu befriedigen, sondern werden zum Selbstzweck der

[126] Vgl. (Ventegodt, Merrick, et al., 2003b), S. 1051.
[127] Vgl. (Ventegodt, Merrick, et al., 2003b), S. 1054.
[128] Vgl. (Ventegodt, et al., 2003), S. 1036.
[129] Vgl. (Sirgy, 2002), S. 34.
[130] Vgl. (Csikszentmihalyi, 2000), S. 268.

Beschäftigung, zur Erregung oder zur Stimulierung ausgeübt.[131] Auch wenn bekannt ist, das der Konsum über einen bestimmten Punkt hinaus nur wenig zu einem positiven Erlebnis beiträgt,[132] herrscht unter dem Großteil der Konsumenten der Glaube vor, dass durch ein Mehr an Konsum eine Verbesserung der LQ erreicht werden kann.[133]

4.7 Lebensbedingungen

Die Autorin wählt für die Beschreibung dieser Konzepte einen anderen Titel als die zu Beginn vorgestellte IQoLT. Hier wird diese Ebene mit „Objektive Faktoren" bezeichnet. Dieser Begriff ist allerdings durch den Einbezug des Adjektivs *objektiv* irreführend und leicht mit der generellen objektiven Komponente der LQ (siehe Kapitel 4.1) zu verwechseln. Die hierzu zählenden Aspekte der LQ sind eng mit den externen, beobachtbaren Faktoren des Lebens verwandt und insofern einfacher zu konstruieren und zu messen. Der Einsatz objektiver Indikatoren zur Beschreibung und Bewertung des Konstrukts LQ dominierte vor allem zu Beginn die LQ-Forschung.[134] Nach **Zapf** (1984) sind hierunter „beobachtbare Lebensverhältnisse" zu verstehen, die „von Außenstehenden nach wissenschaftlichen und/oder moralischen Standards (...)" (S. 19) bewertet werden. Hierzu zählen beispielsweise das Einkommen, der materielle Status, die medizinische Versorgung, die Wohnqualität, das Bildungsniveau, die Versorgung mit Nährstoffen, der Familienstand oder die Anzahl der täglichen sozialen Kontakte.[135] Folglich kann man einen großen Teil dessen, was die Lebensbedingungen abbilden unter dem Begriff **Lebensstandard** zusammenfassen. Jedoch gibt es darüber hinaus auch kritische Elemente wie die Grenzen des Wachstums, die Bedrohung der ökologischen Existenzgrundlagen und die negativen Konsequenzen von Überflussgesellschaften. Diese erweitern den Ansatz um Bereiche wie Chancengleichheit, Einkommensgerechtigkeit oder Solidarität.[136] Die einfache Erfassbarkeit der Lebensbedingungen führt zu einer Fülle an empirischer Forschung. Charakteristisch für die Messung auf diesem Feld ist die Generierung von Listen sogenannter objektiver Faktoren, die dann zu

[131] Vgl. (Csikszentmihalyi, 2000), S. 270; (Scitovsky, 1989), S. 22ff.
[132] Vgl. (Diener, 2000), S.37f.; (Myers, 2000), S. 59f.
[133] Vgl. (Csikszentmihalyi, 2000), S. 272.
[134] Vgl. (Rupprecht, 1993), S. 24.
[135] Vgl. (Rupprecht, 1993), S. 34.
[136] Vgl. (Noll, 1999), S. 7; (Reinhold, 1997), S. 400.

sogenannten *Lebensbereichen* oder *Dimensionen* verdichtet werden. Sie sollen das *gute Leben* für den Einzelnen und ganze Volkswirtschaften erfassen und abbilden. Über die Anzahl der Dimensionen sind sich die Forscher jedoch nicht einig. Auch die Relation zwischen Über- und Unterdimensionen lässt viel Raum für Diskussionen.[137]

Das Interesse der Politik, die Lebensqualität mittels objektiver Faktoren als Indikator für einen Wohlfahrtsstaat abzubilden, hat zur Begründung der **Sozialindikatorenforschung** geführt. Ihr Ziel ist es, Wohlfahrt als Inbegriff gesellschaftspolitischer Ziele zu beschreiben.[138] Aus den Erkenntnissen sollen Kriterien für das *gute Leben* oder auch die *gute Gesellschaft* im politischen Diskurs identifiziert und im Soll-Ist-Vergleich evaluiert werden. Auf diese Weise versucht man, den sozialen Wandel und Fortschritt sowie die Verbesserung der Lebensverhältnisse ganzer Nationen darzustellen.[139] Aus sozio-politischer Perspektive wird LQ also als modernes Wohlfahrtskonzept verstanden, welches in den späten sechziger Jahren entstand und seither sowohl die Zielformel für Gesellschaftspolitik bildet als auch als Maßstab für die Gesellschaftsanalyse fungiert.[140] Seit den achtziger Jahren geht man verstärkt dazu über, in die sogenannten Wohlfahrtssurveys auch subjektive Indikatoren zur Zufriedenheit mit den einzelnen Lebensbereichen zu integrieren. Hier wird die restriktive Zuordnung des Ansatzes ausschließlich zur objektiven LQ wie ihn Ventegodt et al. in ihrer IQoLT vorschlagen offensichtlich und zeigt sich die konzeptionelle Problematik der stringenten Unterscheidung der LQ in objektive und subjektive Sphären. Priorität legt die Sozialindikatorenforschung jedoch bis heute auf die Formulierung von relevanten Lebensbereichen der LQ und somit auf die objektiven Faktoren.[141] Der Sozialindikatorenforscher Heinz-Herbert **Noll** unterscheidet prinzipiell zwei verschiedene Ansätze oder Theorietraditionen der LQ-Forschung. Der eine ist der skandinavische bzw. schwedische **Level-of-Living** Ansatz, der andere die amerikanische **Quality-of-Life** Perspektive.[142] Erst genannte Strömung lässt sich klar dem Bereich der Lebensbedingungen zuordnen und soll insofern kurz umrissen werden. Die sozialpolitischen Konzepte von Jan **Drewnowski** und Richard **Titmuss** prägen den Level-of-Living Ansatz maßgeblich. Der hier zentrale

[137] Vgl. (Rupprecht, 1993), S. 15, S. 53-58; (Seifert, 1992), S. 2; (Glatzer, 1992), S. 47.
[138] Vgl. (Giersch, 1976), S. 91.
[139] Vgl. (Noll, 1999), S. 1; (Dahrendorf, 1979), S. 30, 44.
[140] Vgl. (Zapf, 1993), S. 169; (Noll, 1999), S. 1; (Hradil, 1987), S. 146f.; (Rupprecht, 1993), S. 21.
[141] Vgl. (Rupprecht, 1993), S. 23.
[142] Vgl. (Noll, 1999), S. 8.

Begriff der Wohlfahrt bedeutet im skandinavischen Raum zugleich Wohlbefinden und schließt sowohl den Lebensstandard als auch die Lebensqualität mit ein.[143] Definiert wird die Wohlfahrt, oder auch die LQ, über ein Ressourcenkonzept: Individuen verfügen über mobilisierbare **Ressourcen**, mit deren Hilfe sie unter gegebenen äußeren Umständen ihre Lebensbedingungen kontrollieren und bewusst gestalten können.[144] Die individuellen Ressourcen umfassen neben Einkommen und Vermögen unter anderem Bildung, soziale Beziehungen sowie psychische und physische Energie. Wohingegen Aspekte jenseits der eigenen Kontrolle, z. B. die Umwelt oder die Infrastruktur als **Determinanten** bezeichnet werden. Marktkonstellationen wie der Arbeitsmarkt gelten als soziale **Handlungskontexte**, von denen der Wert der individuellen Ressourcen bestimmt wird.[145] Führt man zusätzlich den Aspirationsbegriff ein, lässt sich die Beziehung zwischen Wohlfahrt und Wohlbefinden darstellen: "The combination of resources and determinants governs the individual's conditions. These in turn, in combination with the individual's aspiration level, govern his well-being" (Erikson, 1974, S. 275). Der Vollständigkeit halber sei erwähnt, dass Erik **Allardt** hierzu einen viel zitierten Abgrenzungsversuch unternommen hat. Er unterscheidet die beobachtbare Wohlfahrt (*Welfare*) von dem nur vom Betroffenen zu erfragenden Wohlbefinden (von Allardt als *Happiness* bezeichnet). Dazu unterscheidet er die Grundbedürfnisse als Lebensstandard (*Level of Living*) und die höheren Bedürfnisse als Lebensqualität (*Quality of Life*).[146]

Die Faktoren, die zur Bewertung der objektiven LQ herangezogen werden sind eng mit der Kultur verbunden in welcher der Befragte lebt. So glaubt man in Dänemark beispielsweise, dass zwei Kinder ausreichen, um maximale LQ zu stiften. Andere Kulturen hingegen halten Kinderreichtum für essentiell um von einem guten Leben sprechen zu können. So spiegeln die objektiven Faktoren sehr stark die Fähigkeit des Einzelnen wieder, sich einer Kultur anzupassen.[147] Wiederholt zeigt sich hier die Oberflächlichkeit dieses Aspekts der LQ, da weder eine tiefere Reflexion noch eine ernsthafte Auseinandersetzung mit der Natur dieser Kultur verlangt wird.

---

143 Vgl. (Allardt, 1993), S. 88.
144 Vgl. (Erikson, 1993), S. 72ff.
145 Vgl. (Uusitalo, 1994), S. 106.
146 Vgl. (Allardt, 1976), S. 228.
147 Vgl. (Ventegodt, et al., 2003), S. 1037.

5 Operationalisierung der Lebensqualität

Die Vielzahl der Messinstrumente, welche sich in der Literatur auffinden lassen, wurden mittels narrativem Review[148] erfasst und durch ein eigens entwickeltes Schema evaluiert. Dadurch konnten sie anschließend den einzelnen Konzepten der LQ zugeordnet werden. Bevor jedoch der Katalog der Messinstrumente präsentiert werden kann, gilt es allgemeine Gütekriterien für Messmodelle einzuführen und das Design der Evaluation zu erläutern.

5.1 Gütekriterien von Messinstrumenten

An die Güte eines wissenschaftlichen, empirischen Instruments zur Messung von theoretisch konstruierten Begriffen werden verschiedene Ansprüche gestellt. Auf der einen Seite sollen sie klassische Testgütekriterien erfüllen. Darüber hinaus aber auch in der Anwendung praktikabel sein, sich z. B. für verschiedene Stichproben eignen, einfach durchzuführen sein und bei Untersuchern und Befragten auf Akzeptanz stoßen. Die soeben erwähnten Testgütekriterien lassen sich in Haupt- und Nebengütekriterien unterscheiden.

5.1.1 Hauptgütekriterien

Die Hauptgütekriterien einer Messung lassen sich durch Objektivität, Reliabilität und Validität beschreiben.

Die **Objektivität** eines Messinstruments gibt an, inwiefern das Ergebnis unabhängig von der untersuchenden Person ist. Folglich ist ein Messinstrument dann als objektiv anzusehen, wenn zwei oder mehrere Untersucher unter ceteris paribus Bedingungen unabhängig voneinander zu einem identischen Resultat gelangen. Unterschieden wird hierbei die Durchführungsobjektivität, die Auswertungsobjektivität und die Interpretationsobjektivität.[149] In der empirischen Sozialforschung versucht man eine möglichst hohe **Durchführungsobjektivität** (die gegeben ist, wenn während der Untersuchung für den Untersucher keine Möglichkeit zur bewussten oder unbewussten Verfälschung der Ergebnisse besteht) durch die Standardisierung der Instrumente zu erlangen.[150]

---

[148] Vgl. (Collins & Fauser, 2004), S. 103f.
[149] Vgl. (Heissel, 1998), S. 27.
[150] Vgl. (Wellenreuther, 1982), S. 149.

Ausführungsobjektivität liegt vor, wenn unterschiedliche Forscher zu gleichen Ergebnissen bei der Testauswertung kommen. Sie ist in der Regel umso höher, je standardisierter das Modell ist. Deswegen werden in den Untersuchungsfragebögen oft geschlossene anstelle von offenen Fragen gestellt.[151] **Interpretationsobjektivität** ist dann gegeben, wenn die Interpretation gleicher Ergebnisse durch verschiedene Interpreten identisch ist. Sie wird häufig durch vorliegende Normen für die Interpretation erreicht.[152]

Die **Reliabilität** ist als formale Messgenauigkeit definiert. Sie macht Aussagen über die Zuverlässigkeit eines Instruments. Zuverlässig bedeutet, dass bei unterschiedlichen Messungen des gleichen Phänomens gleiche Werte generiert werden. Oder auch den Grad, zu dem das Instrument frei von Zufallsfehlern ist.[153] Mathematisch wird sie als Quotient der Varianz der wahren Werte und der Varianz der beobachteten Werte definiert.[154] Die beobachteten Werte sind immer das Resultat von Schätzungen was Ursache dafür ist, dass die Reliabilität durch verschiedene Wege beschrieben werden kann.[155] Für den Fall, dass zwei Parallel-Versionen eines Fragebogens vorliegen, lässt sich die **Parallel-Reliabilität** angeben, welche die Übereinstimmung der beiden Parallel-Formen misst.[156] Die Schwierigkeit, zwei tatsächlich gleichartige Instrumente in der Praxis vorzufinden, führt dazu, dass diese Vorgehensweise wenig anwendbar ist.[157] Aus Praktikabilitätsgründen ist man dazu übergegangen, bei Instrumenten die aus mehreren Indikatoren bestehen, eine Reliabilitätsschätzung auf Basis der **inneren Konsistenz** durchzuführen. Diese ist dann gegeben, wenn alle Indikatoren dieselbe Dimension erfassen.[158] Sie misst also die Homogenität der Items eines Fragebogens und evaluiert die Reliabilität von Multi-Item-Scales. Hierzu werden die Items miteinander in allen möglichen Variationen korreliert. Die Interkorrelationen zwischen den Items bestimmt Cronbach's α zwischen Null (was perfekte Nicht-Reliabilität bedeutet) und Eins (was perfekter Reliabilität entspricht). Generell gelten Reliabilitäts-werte über 0.90 als sehr hoch, Reliabilitätskoeffizienten zwischen 0.8 und 0.75 genügen den Ansprüchen nicht

[151] Vgl (Wellenreuther, 1982), S. 148.
[152] Vgl (Lamnek, 1980), S. 105.
[153] Vgl (Rupprecht, 1993), S. 88; (George & Bearon, 1980), S. 28; (Heissel, 1998), S. 25.
[154] Vgl (Schnell, Hill, & Esser, 1995), S. 141.
[155] Vgl (Schnell, et al., 1995), S. 144.
[156] Vgl (Rupprecht, 1993), S. 88.
[157] Vgl (Heissel, 1998), S. 26.
[158] Vgl (Schnell, et al., 1995), S. 142.

mehr, unter 0.65 gelten sie als nicht reliabel.[159] Ähnlich wird bei der **Split-half Reliabilität** vorgegangen, zu deren Bestimmung das Instrument in zwei vermutlich äquivalente Formen gespalten wird. Diese werden dann Probanden getestet. Aus den zwei Messungen lässt sich ein Korrelationskoeffizient errechnen, dessen Höhe auf die Reliabilität des Instruments schließen lässt.[160] Die **Retest-Reliabiltät** ist ein Maß für die Stabilität des Ergebnisses bei einer Wiederholungsmessung an den selben Probanden nach einem bestimmten zeitlichen Intervall. Auch hier wird zur Bestimmung der Reliabilität die Korrelation des Ergebnisses zwischen den beiden Zeitpunkten bestimmt. Ein höherer Korrelationskoeffizient bedeutet auch hier wieder eine höhere Reliabilität des Messinstruments.[161] Hintergrund dieses Schätzverfahrens ist die unbestätigte und zweifelhafte Annahme, dass der Forscher objektiv ist und der Objektbereich konstant.[162]

Für alle Methoden der Reliabilitätsbestimmung gilt, dass diese in direktem Zusammenhang mit dem Untersuchungsobjekt stehen und eine Veränderung der Zusammensetzung zu einer Veränderung der Reliabilität führen kann. Folglich kann nicht von einer allgemeingültigen Reliabilität gesprochen werden. Ein Messinstrument ist lediglich unter bestimmten Annahmen oder Situationen reliabel.[163]

Die Messgenauigkeit in inhaltlicher Hinsicht bestimmt die **Validität**. „Unter Validität versteht man die Übereinstimung des durch das Messverfahren erfassten Objektbereiches mit dem theoretisch gemeinten Objektbereich, also die Frage, inwieweit ein Messverfahren das misst, was es vom Forscher beabsichtigt messen soll" (Lamnek, 1980, S. 107). Ein Messinstrument gilt folglich als valide, wenn es genau das misst, was gemessen werden soll. Die Validität ist das wichtigste aber auch das am schwierigsten zu erzielende Gütekriterium. Reliabilität ist eine notwendige Komponente für Validität, jedoch keine hinreichende- ein Messinstrument kann perfekt reliabel sein und doch nicht das beabsichtigte Phänomen erfassen.[164] Validität kann nicht direkt erfasst werden, sondern lässt sich vielmehr durch eine Anzahl von indirekten Methoden beschreiben. Im Folgenden werden die gängigsten Ansätze kurz vorgestellt. Die **Konstrukt-Validität** ist dann gegeben, wenn das Instrument das zu erfassende Merkmal

---

159 Vgl. (George & Bearon, 1980), S. 29; (Lamnek, 1980), S. 107.
160 Vgl. (George & Bearon, 1980), S. 30.
161 Vgl. (George & Bearon, 1980), S. 30f.
162 Vgl. (Lamnek, 1980), S. 104.
163 Vgl. (Heissel, 1998), S. 26.
164 Vgl. (George & Bearon, 1980), S. 32; (Palm, 1991), S. 20.

genau repräsentiert, was bei theoretischen Konstrukten wie der LQ schwer zu prüfen ist weswegen man sich mit *Expertenratings* behilft. *Experten* werden z. B. dazu befragt, welche Aspekte von LQ erfasst werden müssen damit das Instrument ihrer Einschätzung nach alle Facetten der LQ erfasst.[165] Überprüft wird dann, ob alle von den Experten festgelegten Gesichtspunkte erfasst wurden. Die **Kriteriumsvalidität** hingegen wird durch den Abgleich der Ergebnisse mit unabhängig erhobenen Außenkriterien bestimmt.[166] Bei der **konvergenten Validität** geht man davon aus, dass Instrumente, die das gleiche Konstrukt – wie z. B. die LQ – messen sollen miteinander korrelieren müssten. Neue Verfahren werden so über Korrelationsanalysen mit bereits etablierten Verfahren validiert. Ein Instrument mit hoher **diskriminanter Validität** soll mit dem Merkmal, das es erfassen will stark korrelieren, nicht aber mit ähnlichen Konstrukten. Demnach müsste ein LQ-Instrument stark mit der unabhängig vom Instrument erfassten LQ korrelieren, dürfte aber keinen Zusammenhang mit anderen Konstrukten (wie z. B. Depressivität oder Verdruss) aufweisen und beschreibt so das Gegenteil der konvergenten Validität. Die **Inhaltsvalidität** überprüft, ob alle relevanten Aspekte berücksichtigt wurden, wobei bedenklich ist, dass es für die Überprüfung keine objektiven Kriterien gibt.[167] Bei der **Vorhersagevalidität** wird eine Vorhersage erstellt, die sich auf das gemessene Merkmal bezieht. Valide ist das Instrument, wenn sich die Prognose in der Realität bestätigt.[168] Ein Beispiel für die Vorhersagevalidität wäre, ob man mit einem Intelligenztest die Abiturnote vorhersagen kann.[169] Der Zielerreichungsgrad der Validierung kann nicht konkret, sondern nur annäherungsweise entweder als adäquat, marginal oder unbefriedigend angegeben werden und bezieht sich immer auf die Evaluation, nicht auf Fakten.[170]

---

[165] Vgl. (Rupprecht, 1993), S. 88; (Kind, 1990), S. 66. Unter *Experten* versteht man in der Regel Menschen, von deren Kompetenz und Nähe zum Forschungsgegenstand man sich konkrete Aussagen über die voraussichtliche Entwicklung erhofft oder umfassende Erkenntnisse. Vgl. (Bruhn, 2004), S. 122. Für das Themengebiet LQ eignet sich jedoch Jedermann als *Experte* für eine Befragung.

[166] Vgl. (Schnell, et al., 1995), S. 146.

[167] Vgl. (Lamnek, 1980), S. 109.

[168] Vgl. (Schnell, et al., 1995), S. 146.

[169] Vgl. (Rupprecht, 1993), S. 89.

[170] Vgl. (Gurion, 1978), S. 499; (Palm, 1991), S. 192.

5.1.2 Nebengütekriterien

Normierung, Ökonomie und Nützlichkeit sind Arten der Nebengütekriterien.

Zur Vergleichbarkeit der Testergebnisse dient die **Normierung**. Sie erfordert, dass individuelle Daten anhand der Werte einer Referenzgruppe beurteilt werden können.[171] Hierzu werden einzelne Probanden mit Vergleichsstichproben in Beziehung gesetzt, wodurch sich erst Schlüsse über die Bedeutung von Merkmalsausprägungen ziehen lassen.

Ein Instrument ist **ökonomisch**, wenn es einfach zu handhaben ist. Außerdem einen niedrigen Materialverbrauch und schnelle Durchführungszeiten aufweist und einfach auszuwerten ist. Aber auch der Forderung nach einer minimalen Testdauer bei maximaler Testgenauigkeit gerecht wird.[172]

Einem Verfahren wird **Nützlichkeit** attestiert, wenn es Merkmale misst, die zuvor von keinem anderen Verfahren gemessen wurden und durch seine Anwendung ein Informationszugewinn entsteht.[173]

5.2 Design der eigenen Kategorisierung der Instrumente

In der Literatur findet sich eine Vielzahl von Messinstrumenten zum Thema Lebensqualität aus den verschiedensten Forschungsdisziplinen. Die Herausforderung für diesen Teil der Arbeit, bestand darin, derart verstreutes Wissen zusammenzufassen, verschiedenste Arten von Experimenten, Untersuchungsdesigns, Modellen, Zielsetzungen und Vorgehensweisen zu evaluieren und sie schließlich den vorgestellten Konzepten der LQ zuzuordnen. Vorwegnehmend soll gesagt sein, dass an die Evaluation nicht der Anspruch auf Vollständigkeit erhoben werden kann- weder Zeit noch Rahmen dieser Arbeit hätten das bei der Masse an Veröffentlichungen ermöglicht.[174] Dennoch sollte die Untersuchung breit, multidisziplinär und überblicksartig gestaltet sein. Bei der Auswahl wurde in erster Linie darauf Wert gelegt, dass die Instrumente gut dokumentiert, wissenschaftlich auf ihre Eignung überprüft und in verschiedenen Studien eingesetzt worden sind. Zusätzlich wurden Instrumente einbezogen, die sich durch Aktualität auszeichnen sowie konsumenten-spezifische Instrumente aufgrund ihrer Relevanz für das Marketing. Die Evaluation erfolgte mittels

---

[171] Vgl. (Heissel, 1998), S. 27.
[172] Vgl. (Kubinger, 1991), S. 150.
[173] Vgl. (Rupprecht, 1993), S. 89; (Andrews & Withey, 1976), S. 20; (Walter, 1991), S. 125.
[174] Vgl. (Rupprecht, 1993), S. 94.

narrativem Review: "A narrative review summarizes different primary studies from which conclusions may be drawn into a holistic interpretation contributed by the reviewers' own experience, exicting theories and models" (Educational Research Review, 2010, S. 3). Ein narrativer Review erzwingt vom Forscher z. B. die Entscheidung, wie miteinander konkurrierende Ergebnisse eingeordnet werden sollen oder ob Ausreißer-Studien berücksichtigt werden sollen, welche oftmals alternative Ideen versprechen aber die Ergebnisse verzerren. Die Entscheidungen, die der Forscher trifft um den variablen Bedingungen und Ungewissheiten zu begegnen, können sowohl konservativ, streng und ausschließlich sein als auch liberaler und inklusiv. Letztendlich soll gewährleistet sein, dass der Leser einen authentischen Eindruck von der Forschungsarbeit erhält und die Kriterien der Evaluation für ihn klar, transparent und nachvollziehbar sind. Der narrative Review wurde dem systematischen Review bevorzugt, da letzterer durch die Bedingung eines engen Fokus und Anwendung restriktiver Methoden eine breit angelegte Erfassung verhindert.[175]. Die Vorteile des narrativen Reviews sind, dass dieser generell ausgedehnter ist und ein größeres Spektrum an Interessensbereichen des gegebenen Themas erfassen kann. Darüber hinaus wird nicht der Anspruch erhoben die Relevanz der ausgewählten Studien belegen zu müssen oder die Validität der vorgelegten Studien zu gewährleisten.[176] Diese Punkte wurden von der Autorin dennoch eingeschlossen und soweit nachvollziehbar und verfügbar für jedes Instrument ausgewiesen. Darüber hinaus verlangen Hintergrundwissen, neu erscheinende Konzepte und Gegensätzlichkeiten die Flexibilität eines narrativen Reviews welcher situative Entscheidungsspielräume über die Aufnahme eines Instruments gewährt.[177]

Um Vergleichbarkeit zu gewährleisten wurde ein identisches Analyseschema für alle Instrumente benutzt. Dieses Raster wurde als Evaluationsrahmen über alle Instrumente gelegt. Es wird im Folgenden erläutert. Um dem Leser auch visuell die Systematik zu verdeutlichen wurde für dieses Raster absichtlich ein augenscheinlich individueller Format-Stil gewählt.

[175] Vgl. (Collins & Fauser, 2004), S. 103.
[176] Vgl. (Collins & Fauser, 2004), S. 104.
[177] Vgl. (Collins & Fauser, 2004), S. 104.

An dieser Stelle erscheint der Titel des Instruments, sowie dessen ...gebräuchliche Abkürzung.

NAME DES MESSINSTRUMENTS

Hier findet sich der Name, bzw. die Namen der Verfasser.

AUTOR(EN)

An dieser Stelle ist das Erscheinungsjahr des Instruments, teilweise auch die zweite Fassung angegeben.

JAHR

Hier wird die Forschungsdisziplin welcher das Messinstrument entstammt angegeben und insofern nötig Schwerpunkte, Restriktiva oder Besonderheiten auf einen Blick dargestellt

KATEGORIE

SPEZIFISCHE ZIELGRUPPE

Insofern das Messinstrument für eine spezifische Probandengruppe, wie z. B. Alte oder Hochbegabte konzipiert wurde, wird dieses Kriterium hier angegeben.

VERWENDETE DIMENSIONEN

LQ wird oft durch sogenannte Lebensbereiche, Dimensionen, Faktoren oder Kategorien dargestellt. Diese sind in ihrer Anzahl nicht beschränkt und können stark variieren. Sie sind für die marketingspezifische Forschung zur Stimulierung von Konsumentscheidungen von besonderem Interesse.

VERWENDETE UNTERKATEGORIEN/ INDIKATOREN

Insofern die jeweilige Dimension durch weitere Unterkategorien spezifiziert ist werden auch diese aufgelistet.

SKALEN & ITEMS

Dieser Punkt gibt Auskunft über die Itemanzahl und Art der verwendeten Skalen.

ITEMBEISPIELE

An dieser Stelle soll Platz sein für plakative Itembeispiele, die den Instrumenten originalgetreu entnommen wurden um dem Leser einen besseren Eindruck zu vermitteln.

Abb. 3.1: Raster zur Evaluierung der Messinstrumente (1)

Stichprobe

Größe der Stichprobe an der das Instrument getestet wurde ausgedrückt in Versuchspersonen (VPen) N. Wurden Subsamples erhoben werden diese in n1, n2,... aufgelistet.

Gütekriterien

Validität	Retest-Reliabilität	Innere Konsistenz	Faktoren-struktur
Hier wird die Güte des Messinstruments eingeschätzt. Für genauere Beschreibung der Gütekriterien siehe Kapitel 4.1.			

Qualitative Herangehensweise ☐ Ja ☒ Nein

Insofern qualitative Vorstudien zur Konzeption eines Messinstruments erfolgten, wird dies mit einem Kreuz im Kästchen „Ja" ausgewiesen.

Kritik

	-
Mittels dieser Tabelle wird an jedem Instrument in der linken Spalte positive,...	...in der rechten Spalte negative Kritik geübt.

Quelle

Da die Quelle für einen transparenten, soliden Eindruck beim Leser essentiell ist, wird diese am Ende jeder Evaluation unter Angabe von Autor und Jahreszahl offensichtlich gemacht.

Abb. 3.2: Raster zur Evaluierung der Messinstrumente (2)

Anmerkung: Bei der Quellangabe ist die Erwähnung von Seitenzahlen oftmals nicht möglich, da sich der Aufbau, die Gestaltung oder die Konstruktion der Gütekriterien über das ganze Werk oder mehrere Kapitel erstreckt. Eine Seitenangabe hinter jedem Kriterium würde den Rahmen rein darstellerisch sprengen. **Die umfassende Darstellung des Kataloges der Messinstrumente ist nicht Teil dieser Veröffentlichung.**

5.3 Zuordnung der Messinstrumente zu den vorgestellten LQ-Konzepten

Aufgrund des Umfangs des Katalogs an Messinstrumenten wird dieser im entsprechenden **Anhang** ausführlich präsentiert um den Lesefluss der Arbeit nicht zu beeinträchtigen. An dieser Stelle findet sich ein Überblick über die Instrumente zu den jeweiligen Konzepten der LQ durch die Angabe des Namens des Instruments.

Wohlbefinden[178]

- Affect Balance Scale (ABS)[179]
- Affectometer 2 [180]
- Profile of Mood States (POMS)[181]
- General Well-Being Schedule (GWB)[182]
- Psychological General Well-Being Index (PGWB)[183]
- Perceived Well-Being Scale (PWB)[184]

Zufriedenheit[185]

- Life Satisfaction Index (LSI)[186]
- Skala zur Messung der Lebenszufriedenheit (LZI)[187]
- Life Satisfaction Scale (LSS)[188]
- Life Satisfaction in the Elderly Scale (SCLSES)[189]
- Cantril's Self Anchoring Ladder (CSAL)[190]
- Satisfaction with Life Scale (SWLS)[191]
- Fragebogen zur Lebenszufriedenheit (FLZ)[192]

---

178 Siehe **Anhang** (ist nicht Teil dieser Veröffentlichung).
179 Vgl. (Bradburn & Caplovitz, 1965)
180 Vgl. (Kammann & Flett, 1983)
181 Vgl. (McNair, Lorr, & Droppelmann, 1971)
182 Vgl. (Fazio, 1977)
183 Vgl. (Brook, et al., 1979); (DuPuy, 1984)
184 Vgl. (Reker, Peacock, & Wong, 1987)
185 Siehe **Anhang** (ist nicht Teil dieser Veröffentlichung).
186 Vgl. (Neugarten, Havighurst, & Tobin, 1996)
187 Vgl. (Wiedendieck, 1970)
188 Vgl. (Lohmann, 1980)
189 Vgl. (Salomon & Conte, 1981)
190 Vgl. (Cantril, 1965)
191 Vgl. (Diener, et al., 1985)
192 Vgl. (Closs & Kempe, 1986)

Glück[193]

- Single-Item-Happiness[194]
- Personal Feeling Scale[195]
- Memorial University of Newfoundland Scale of Happiness (MUNSH)[196]
- Psychology of Happiness (PSYCHAP) Inventory[197]
- Facial Action Coding System (FACS)[198]
- Life Chart[199]
- Tiefeninterview Glück[200]
- Qualitatives Glücksinterview/Rahmenmodell der Einflussfaktoren von Glück [201]
- Glück aus situativer Analyse[202]

(Lebens-) Sinn[203]

- Philadelphia Geriatric Center Morale Scale (PGC)[204]
- Kutner Morale Scale[205]
- Purpose in Life Test (PIL)[206]
- The Sense of Coherence Quetionnaire (SOC)[207]
- Psychological Well-Being: Purpose in Life (PWB-P)[208]
- Meaningful Life Measure (MLM)[209]

---

193 Siehe **Anhang** (ist nicht Teil dieser Veröffentlichung).
194 Vgl. (Gurin & Veroff, 1960)
195 Vgl. (Wessmann & Ricks, 1966)
196 Vgl. (Kozma & Stones, 1983)
197 Vgl. (Fordyce, 1986)
198 Vgl. (Ekman & Friesen, 1978)
199 Vgl. (Pressey & Kuhlen, 1957)
200 Vgl. (Wlodarek-Küppers, 1987)
201 Vgl. (Mayring, 1991a, 1991b)
202 Vgl. (Hoffmann, 1984)
203 Siehe **Anhang** (ist nicht Teil dieser Veröffentlichung).
204 Vgl. (Lawton & Nahemow, 1973)
205 Vgl. (Kutner, Fanshel, Togo, & Langner, 1958)
206 Vgl. (Crumbaugh & Maholik, 1964)
207 Vgl. (Antonovsky, 1987)
208 Vgl. (Ryff, 1989)
209 Vgl. (Morgan & Farsides, 2009); (Sirgy & Wu, 2009)

Bedürfniserfüllung[210]

- The Two-Factor Model of Consumer Well-Being[211]
- The Consumption Process Modell of Consumer Well-Being[212]
- Nestlé Lebensqualitäts-Index (LQX)[213]
- Lebensqualitäts-Index[214]

Lebensbedingungen[215]

- Datenbericht der BRD[216]
- Level of Living Index (LoL)[217]
- Index of Well-Being/Index of General Affect[218]
- Life 3 Scale[219]
- Having-Loving-Being[220]

Zusammenfassend lässt sich feststellen, dass sich die grundlegenden Probleme der LQ-Forschung im Rahmen der Operationalisierung analog fortsetzen. Ziel der Evaluation war die Zuordnung der Messinstrumente zu den präsentierten Konzepten (siehe Kapitel 4) um eine Art *Baukasten* zu erhalten welcher nicht nur einen Überblick gewährt und eine ordnende Systematik aufweist, sondern aus welchem ferner die jeweiligen Messinstrumente zur Konstruktion eines eigenen Messinstruments für das Marketing ausgewählt werden können.

In erster Linie sollte dem Leser ein Eindruck von der Vielseitigkeit der existierenden Messinstrumente vermittelt werden. Um deren Unterschied zu betonen wurde im Evaluationsraster der generelle Aufbau der Instrumente

[210] Hierzu wird der Fokus und aufgrund der Marketing-Ausrichtung der Arbeit auf den Konsumenten gelegt und Modelle aus dem Consumer-Well-being präsentiert, da sich diese Modelle auf die Bedürfnispyramide stützen. Siehe **Anhang** (ist nicht Teil dieser Veröffentlichung). **Anmerkung**: Die beiden letzten Messinstrumente weichen von den zuvor vorgestellten hinsichtlich ihrer wissenschaftlichen Historie sowie literarischen Fundierung ab. Sie wurden von der Autorin zusätzlich ausgewählt, um dem Leser einen Eindruck von aktuell erscheinenden Instrumenten zu liefern und eine Idee zu vermitteln, wie ein LQ-Messinstrument in der unternehmerischen Praxis aussehen könnte.

[211] Vgl. (Leelakulthanit, Day, & Walters, 1991)

[212] Vgl. (Lee, Sirgy, Larsen, & Wright, 2002)

[213] Vgl. (Nestlè, 2009)

[214] Vgl. (Giger, 2010d), (Giger, 2010c), (Giger, 2010b)

[215] Siehe **Anhang** (ist nicht Teil dieser Veröffentlichung).

[216] Vgl. (Noll & Habich, 2008)

[217] Vgl. (Drewnowski, 1974)

[218] Vgl. (Campbell, et al., 1976)

[219] Vgl. (Andrews & Withey, 1976)

[220] Vgl. (Allardt, 1973)

geschildert und durch die Anführung von Itembeispielen und Skalen unterstrichen. Darüber hinaus sollten die Instrumente wissenschaftliche Gütekriterien erfüllen. Dieses Ziel konnte mit einigen Adaptionen erreicht werden.[221] In einem letzten Schritt wurden die Messinstrumente nach genauer Analyse dem Konzept zugeordnet, dem sie nach Ansicht der Autorin am treffendsten entsprechen- auch wenn ihre Bezeichnung auf den ersten Blick teilweise eine andere Einordnung implizieren würde.

Die Autorin möchte jedoch kritisch anmerken, dass nach ihrem Ermessen keines der als objektiv titulierten Instrumente wirklich rein *objektiv* ist. Selbst wenn viele quantitative Kriterien abgebildet werden, wird doch letztlich nicht darauf verzichtet, die Probanden um eine subjektive Einschätzung dieser Kriterien, ihre individuelle Zufriedenheit mit selbigen oder ihr Wohl- und Glücksempfinden zu bitten.

[221] Teilweise war kein Material bezüglich der Gütekriterien ausgewiesen und die Rohdaten trotz umfangreicher Bemühungen nicht zu erhalten. Versprach das Instrument dennoch eine neue Darstellung und so die Perspektive des Lesers bezüglich der Vielschichtigkeit der LQ-Forschung zu erweitern, wurde auf eine Aufnahme nicht verzichtet. Schließlich ist dieses Kriterium für einen narrativen Review nicht zwingend erforderlich.

6 Zwischenfazit

Die anfangs erwähnten Probleme des Konstrukts LQ konnten sich dem Leser sicherlich im Rahmen der Ausführung offenbaren: synonyme Begriffsverwendung, fehlende gemeinsame definitorische Basis und sich überschneidende Konzepte und Sichtweisen auf den Begriff der LQ aus den unterschiedlichsten Forschungsrichtungen lassen den Begriff seine Konturen und zugleich seine Attraktivität als umsetzbaren Leitwert für die Wirtschaft und das Marketing verlieren. An dieser Stelle fasst ein Zwischenfazit die bisherigen Erkenntnisse zur Begriffsabgrenzung, Konzeption und Operationalisierung des LQ-Konstrukts zusammen bevor daraus Implikationen für das Marketing abgeleitet werden. Es wird versucht, die einzelnen Konzepte nochmals dezidiert voneinander abzugrenzen sowie ihr Verhältnis zueinander in einer eigenen Grafik darzustellen und aus diesen gesammelten Erkenntnissen eine finale LQ-Definition auf abstrakter Ebene abzuleiten.

Wohlbefinden

Umstritten ist, ob der Begriff Wohlbefinden oder Well-being als spontane Einschätzung der eigenen LQ oder als andauernder affektiver Zustand verstanden wird. Er umfasst die affektive und kognitive Bewertung der gesamten Lebenssituation,[222] ist ein abstraktes, übergeordnetes Konstrukt, das untergeordnete Konzepte wie Glück, Zufriedenheit, Freude, Belastungsfreiheit oder Abwesenheit von Unbehagen durch ein Globalurteil subsummiert.[223]

Zufriedenheit

Der Zufriedenheitsansatz betont den kognitiven Aspekt der LQ und impliziert, dass die eigenen Erwartungen, Bedürfnisse, Wünsche und Sehnsüchte erfüllt sind.[224] Fünf Persönlichkeits-Dimensionen beeinflussen den individuellen Bewertungsprozess nachhaltig: Lebensfreude, Lebensmut oder Entschlossenheit, positives Selbstbild, optimistisch-fröhliche Stimmung gegenüber der psychischen und sozialen Situation sowie dem Grad der Übereinstimmung zwischen den angestrebten und den erreichten Zielen.[225]

---

[222] Vgl. (Liang, 1985), S. 559.
[223] Vgl. (Stock, et al., 1986), S. 91.
[224] Vgl. (Ventegodt, et al., 2003), S. 1033f.; (Erikson, 1974), S. 275.
[225] Vgl. (Rupprecht, 1993), S. 26; (Neugarten, et al., 1961), S. 136; (Stieger, 2005), S. 11.

Glück

Dieses LQ-Konzept betont die Affekte (positiv emotional, geprägt von Heiterkeit, gehobener Stimmung und Fröhlichkeit beschrieben durch Genuss, Freude oder Spaß). Daneben führen Sirgy[226], Mayring[227] und Agyle[228] den **kognitiv reflektierenden** Schwerpunkt an. Er drückt sich in Gelassenheit, Entspanntheit und dem Gefühl der Erfüllung aus. Es wird betont, dass sich der Glückszustand eben auch durch die kognitive Bewertung der Affekte einstellen kann.

Strittig ist, ob Glück durch einen kurzfristigen Zustand gekennzeichnet ist, der schnellen Veränderungen unterworfen ist, oder positive Affekte, durch freudige Ereignisse hervorgerufen, über einen längeren Zeitraum vorherrschen müssen, um zu Glück zu führen.

Sinn

Die Klärung der Sinnfrage gibt dem Leben ein Ziel und führt zu höherer LQ. Dadurch erfolgt die Zentrierung der Aufmerksamkeit.[229] Jedoch reicht es nicht einen Zweck zu finden, der die Ziele vereinheitlicht, es müssen auch Anstrengungen unternommen werden, dieses Ziel zu erreichen.[230] Werte spielen bei der Formulierung des Lebenssinns oder -zwecks eine wesentliche Rolle.

Bedürfniserfüllung

Der Anknüpfungspunkt der Bedürfnisbefriedigung an das Konzept der LQ liegt in der Feststellung, dass Individuen Bedürfnisse haben, die sie zu befriedigen versuchen. Je mehr dies gelingt, desto positiver wird die LQ eingestuft.[231] Wobei Bedürfnisse als Ausdruck menschlicher Natur verstanden werden, zu deren Erreichung das Individuum Verantwortung für sich selbst übernehmen muss. Indem versucht wird, die eigenen Bedürfnisse auf allen Ebenen zu befriedigen, entwickelt sich die Persönlichkeit wie auch die eigene LQ progressiv mit der Erfüllung der Bedürfnisse.[232]

---

226 Vgl (Sirgy, 2002), S. 9ff.
227 Vgl (Mayring, 1991a), S. 105.
228 Vgl (Argyle, 1987), S. 2.
229 Vgl (Csikszentmihalyi, 2008), S. 283f.
230 Vgl (Csikszentmihalyi, 2008), S. 284.
231 Vgl (Sirgy, 2002), S. 34; vgl. (Specht, 1974), S. 13; (Ventegodt, et al., 2003), S. 1036.
232 Vgl (Ventegodt, Merrick, et al., 2003b), S. 1051.

Lebensbedingungen

Lebensbedingungen sind „beobachtbare Lebensverhältnisse, die von Außenstehenden nach wissenschaftlichen und/oder moralischen Standards bewertet werden“ (Zapf, 1984, S. 19). Hierzu zählen beispielsweise das Einkommen, der materielle Status, die medizinische Versorgung, die Wohnqualität, das Bildungsniveau, Versorgung mit Nährstoffen, der Familienstand oder die Anzahl der täglichen sozialen Kontakte.[233] Politische, soziale und gesellschaftliche Einflüsse spielen hier ebenso wie das individuelle Set an verfügbaren Ressourcen eine große Rolle.

Ausgehend von dieser Zusammenfassung seien die Interdependenzen aus Sicht der Autorin dargestellt und eine eigene Darstellung des LQ-Konstrukts präsentiert.

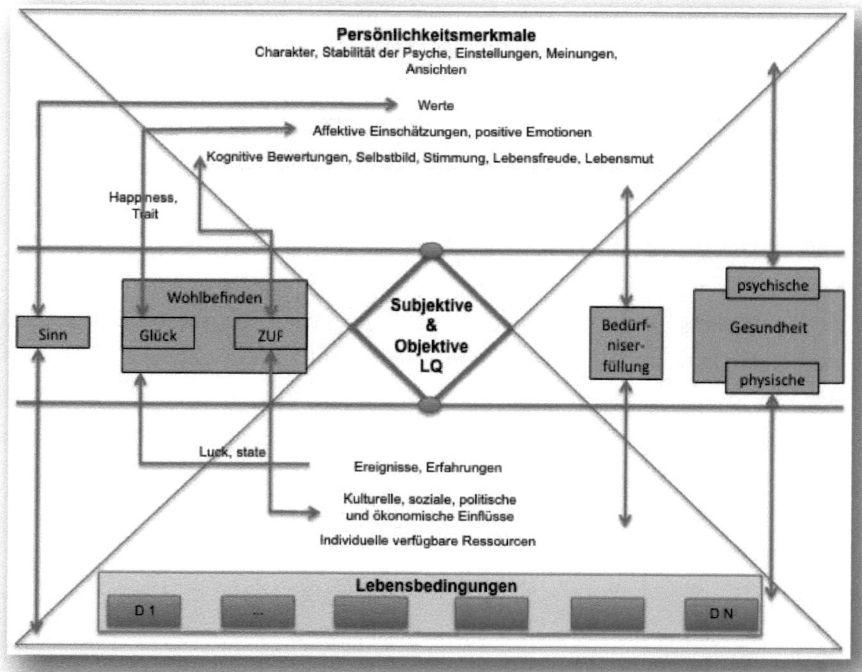

Abb. 4: LQ nach eigener Darstellung

233 Vgl. (Rupprecht, 1993), S. 34.

Diese Darstellung verzichtet darauf, LQ primär in subjektive und objektive Komponenten zu trennen. Vielmehr betont sie den berechtigten Anteil, den beide Perspektiven am LQ-Konstrukt einnehmen. LQ ergibt sich nach Ansicht der Autorin aus der Überlappung oder dem Zusammentreffen von Lebensbedingungen und Persönlichkeitsmerkmalen.

Die **Lebensbedingungen** sind hierbei objektiv geprägt. Sie umfassen eine sich im Laufe des Lebens wandelnde Anzahl von Lebensbereichen oder Lebensdimensionen (D1-DN) die weder in ihrer Anzahl festgeschrieben ist (vielmehr kann sie sich vor veränderten Einflussbedingungen oder Lebenssituationen in Anzahl und Art wandeln, sich beispielsweise im Alter wieder reduzieren) noch in ihrer Bezeichnung festgesetzt ist. Das Set an Lebensbereichen, welche die eigenen Lebensbedingungen ausmachen, definiert sich also vor der individuellen Wichtigkeit selbiger. Erlebnisse und Erfahrungen, die individuell verfügbaren Ressourcen sowie die Kultur in der das Individuum lebt prägen die Lebensbedingungen und sind als Teil der Lebensbedingungen anzusehen. Darüber hinaus werden diese stark von gewissen Rahmenbedingungen beeinflusst: dem politischen System, der Sozialpolitik, der ökologischen Umwelt, dem nationalen Wirtschaftssystem oder dem geltenden Rechtssystem.

Den Lebensbedingungen gegenüber stehen die subjektiv geprägten **Persönlichkeitsmerkmale**. Diese lassen sich durch den persönlichen Charakter, die Stabilität der Psyche, Einstellungen, Meinungen, Ansichten, den eigenen Werten, affektive Einschätzungen, Emotionen sowie durch kognitive Bewertungen, dem Selbstbild, der Stimmung oder inneren Haltung, durch Lebensfreude und Lebensmut beschreiben.

Die Überlappung der beiden Bereiche bestimmt die aktuelle LQ einer Person. Umso größer die sich ergebende Schnittmenge (in der Grafik entspräche das einer Ineinander-Bewegung der beiden Dreiecke) umso höher wird die LQ wahrgenommen. Versucht man die LQ zu beschreiben, erkennt man dass es sich hierbei um ein Konstrukt handelt welches sich aus verschiedenen Facetten zusammensetzt, sich auf verschiedenen Ebenen wahrnehmen, beschreiben und erfassen lässt. Die Grafik stellt diese *Bandbreite* an Facetten der LQ durch den Bereich zweier paralleler (roter) Linien dar, deren Position sich durch die Überlappung der Dreiecke ergibt (begrenzt durch die Spitzen der Dreiecke; zur besserer Ansicht wurden diese mit roten Punkten hervorgehoben). Diese Facetten oder Teilbereiche der LQ sind z. T. stärker von der Persönlichkeit (in der Grafik auf der linken Seite der *Bandbreite*: Sinn, Zufriedenheit, Glück, Wohlbefinden, psychische Gesundheit, die Erfüllung der höheren Bedürfnisse) z. T. stärker von den Lebensbedingungen (in der Grafik auf der rechten Seite der *Bandbreite*: physische Gesundheit, die Erfüllung der Bedürfnisse auf den unteren Ebenen) geprägt. Generell haben aber immer beide Komponenten Anteil an der LQ und ihren Ausprägungsformen. Es wird explizit darauf hingewiesen, dass die Pfeile in der Grafik keine Kausalitäten anzeigen sondern lediglich die spezifischen Unterpunkte in der Charakteristik der Persönlichkeitsmerkmale wie der Lebensbedingungen herausheben wollen, welche für die jeweiligen Facetten der LQ am meisten Gewicht haben oder welche Bestandteile der LQ im Gegenzug auch die Persönlichkeitsmerkmale und Lebensbedingungen ihrerseits hauptsächlich prägen. Die Darstellung zeigt die starke Interdependenz der Konzepte, ihr Nebeneinander und ihre gegenseitige Beeinflussung sowie dynamische, wechselseitige Beziehung zueinander. Dies wird auch deutlich, wenn man sich darauf einlässt, die Grafik auf abstrakterer Ebene zu betrachten. Mit etwas Phantasie lässt sich durch die beiden ineinander mündenden Dreiecke eine Sanduhr erkennen, Symbol für den Zeitbezug der LQ und betont die Aussage, dass LQ immer auch eine Momentaufnahme ist, sich ergebend aus aktuellen Bedingungen die das Leben dem Individuum bietet oder stellt und dessen persönlichen Art, mit diesen umzugehen.

Abschließend lässt sich LQ für die Autorin folgendermaßen definieren:

„Lebensqualität ist die Übereinstimmung von Lebensbedingungen und Persönlichkeitsmerkmalen.“

7 Implikationen für das Marketing

Um die Arbeit abzurunden, werden die bisher erarbeiteten Erkenntnisse im Hinblick auf das Marketing kritisch beurteilt. Außerdem werden die Zukunftsperspektiven des Marketing im Hinblick auf sich bietende Potenziale und Chancen für und durch das Konstrukt der LQ eruiert.

7.1 Zum Marketingverständnis

Kotler et al. (2007) verstehen unter Marketing einen „(...) Prozess im Wirtschafts- und Sozialgefüge, durch den Einzelpersonen und Gruppen ihre Bedürfnisse und Wünsche befriedigen, indem sie Produkte und andere Dinge von Wert erstellen, anbieten und miteinander austauschen“ (S. 18). Das **Marketingmanagement** umfasst schließlich folgende rückgekoppelte Aufgaben: „Situationsanalyse, Prognose, Definition der Marketingziele, Zielorientierte Ableitung der Marketingstrategie, Festlegung des strategieadäquaten Marketing-Mix, Gestaltung der Marketingorganisation zur Implementierung des Marketing-Mix und Marketing-Controlling zur Erfassung der Erfolgswirkung und Initiierung eines Rückkopplungsprozesses mit allen Planungsstufen und Verantwortlichen“ (Meffert, et al., 2008, S. 19).

Die nachfolgende Grafik bildet den soeben definierten Marketingmanagementprozess ab. Sie zeigt, dass die **Problemfelder des LQ-Konstrukts** (welche grau hinterlegt in Kästchen rechts neben der Abbildung 5 ersichtlich sind) die Kernpunkte des Marketingmanagementprozesses betreffen und angegangen werden müssen um die Durchsetzung der LQ als Zielgröße für das Marketing realisierbar zu machen.

Bevor die Implikationen für das Marketing abgeleitet werden, sei kurz auf das zugrunde liegende **Menschenbild** dieses Marketing-Verständnisses eingegangen. Das Marketing ist bislang stark auf die **Befriedigung von Bedürfnissen** der Konsumenten ausgerichtet, diese zu erkennen, zu stimulieren und gewinnbringend mit Angeboten zu versorgen. Ausgangspunkt von Marketingentscheidungen ist ein grundlegendes Verständnis von Märkten

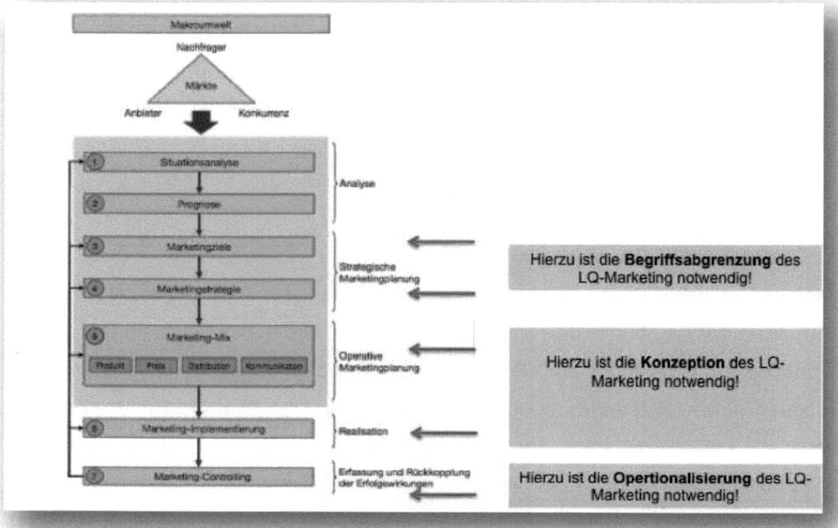

Abb. 5: Der Marketingmanagementprozess nach Meffert et al. (2008)[234]

und deren Anbieter-Nachfrager-Beziehungen. Deshalb stehen Fragestellungen der Marktforschung sowie des Käuferverhaltens im Mittelpunkt des Interesses. Aufgabe der **Marketingforschung**[235] (Schritt 1 und 2 der Graphik) ist es, die Marktbedürfnisse zu analysieren und zu antizipieren, das Marktverhalten zu messen. Von zentraler Bedeutung für das Marketing und die Marketingforschung ist die Identifizierung von Kundenwünschen und die Orientierung an selbigen.[236] Der Kunde nimmt somit eine zentrale Stellung ein.[237] Die Käuferverhaltensforschung versucht, die zentralen Bestimmungs-faktoren des Konsumentenverhaltens zu identifizieren und leistungsfähige Erklärungsansätze zu

[234] (Meffert, et al., 2008), S. 20.

[235] Die **Marktforschung** die nach Meffert et al. (2008) die „(...) Gewinnung, Auswertung und Interpretation von Informationen über jetzige und zukünftige Marketingsituationen und Entscheidungen" (S. 93) umfasst, erfüllt folgende **Funktionen**: Selektionsfunktion, Frühwarnfunktion, Innovationsfunktion, Strukturierungsfunktion, Unsicherheits-reduktionsfunktion, Kontrollfunktion und Intelligenzverstärkerfunktion. Vgl. (Diller, 2007), S. 338. Der **Markforschungsprozesses** umfasst die Phasen der Problemdefinition, Informationsgewinnung und –verarbeitung sowie die Kommunikation der Ergebnisse. Vgl. (Homburg & Krohmer, 2006), S. 253; (Malhotra & Birks, 2006), S. 15.

[236] Vgl. (Levitt, 1986), S. 127f.

[237] Vgl. (Esch, Hermann, & Sattler, 2008), S. 5, S. 9, S. 20; (Kotler, et al., 2007), S. 276; (Meffert, et al., 2008), S. 91.

liefern.[238] Zur Erklärung des Verhaltens von Konsumenten existiert eine Fülle von Modellen und Theorien denen jeweils abweichende **Menschenbilder** zugrunde liegen. Diese wandelten sich parallel zur Evolution der theoretischen Marketingansätze vom *homo oeconomicus*[239] zu neuen, verhaltenswissenschaftlich fundierten Betrachtungsweisen, wobei behavioristische, neobehavioristische und kognitive Forschungsansätze des Käuferverhaltens unterschieden werden können.[240] Ein auf die LQ ausgerichtetes Marketing würde bereits hier ansetzen und versuchen, der Konsumentenforschung ein **ganzheitlicheres Menschenbild** im Sinne der IQoLT zugrunde zu legen.

7.2 Implikationen zur Begriffsabgrenzung

Für die Entwicklung konkreter Marketing-Ziele sowie einer daraus abgeleiteten Marketing-Strategie, die auf LQ abzielt ist die Formulierung einer **einheitlichen LQ-Definition** sowie die Formulierung einer **LQ-Marketing-Definition** als Ausgangspunkt für das Marketing-Management essentiell. Die Anforderungen die sich aus den Erkenntnissen dieser Arbeit an diese Definition stellen, umfassen die Verbindung der objektiven und subjektiven LQ, sowie der individuellen und kollektiven Sichtweise der LQ. Außerdem muss die dynamische Qualität des Konstrukts wie auch sein Facettenreichtum berücksichtigt werden.

7.3 Implikationen zur Konzeption

Ziel dieser Arbeit war es, ein breites, ganzheitliches Verständnis für den Begriff LQ zu erzeugen und darüber hinaus das gleichberechtigte Nebeneinander verwandter Konzepte zu beleuchten. Um sich als Leitwert für die Wirtschaft zu eignen, muss das Konstrukt LQ jedoch spezifisch für die wirtschaftlichen Belange modifiziert und

---

[238] Vgl. (Bruhn, 2004), S. 91; (Kroeber-Riel, 1990), S. 3. Das **Paradigma des Kaufverhaltens** fasst folgende Fragestellungen zusammen: **Wer** kauft (Kaufakteure, Träger der Kaufentscheidung), **was** (Kaufobjekte), **warum** (Kaufmotive), **wie** (Kaufentscheidungs-prozesse, Kaufpraktiken), **wie viel** (Kaufmenge), **wann** (Kaufzeitpunkt, Kaufhäufigkeit), **wo** bzw. **bei wem** (Einkaufsstätten-, Lieferantenwahl). Vgl. (Meffert, 1971), S.392.

[239] Der *homo oeconomicus* zeichnet sich durch folgende Charakteristika aus: vollständige Kenntnis der eigenen Präferenzstruktur, rationales Verhalten unter Zielsetzung der individuellen Nutzenmaximierung, vollständige Markttransparenz, d. h. vollständige Informationen sowie unbegrenzte Informationsverarbeitungskapazität, keine Beeinflussung durch andere Personen oder Erfahrungen aus früheren Käufen und keine zeitlichen, sachlichen oder räumlichen Präferenzen. Vgl. (Esch, et al., 2008), S. 17.

[240] Vgl. (Esch, et al., 2008), S. 16ff.; (Meffert, et al., 2008), S. 100.

weiter entwickelt werden. Der Transfer sowie die Anwendung des LQ-Konstrukts auf makroökonomischer und mikroökonomischer Ebene ist sicherlich ein von Kontroverse geprägter Prozess. Hierzu kann es hilfreich sein, die diversen Ansätze zur langen LQ-Forschung und ihre diversen Zielsetzungen zu berücksichtigen, sich jedoch nicht zu stark auf diese zu fokussieren: anstatt die bisherige Theorie wiederholt zu durchforschen, ist ein neues Verständnis von LQ wichtig dessen Formulierung auf **LQ als Managementkonzept** in Unternehmen abzielt. Bisherige Ansätze sind entweder stark auf LQ aus Perspektive der Gesellschaft (beispielhaft sei auf die Sozialindikatorenforschung hingewiesen) ausgerichtet, oder zentral auf das Individuum formuliert (wie z. B. die Glücksforschung). Eine **Synthese** aus beiden, die darüber hinaus die Perspektive **für Unternehmen** oder das **Marketing** eröffnet, lässt sich an dieser Stelle als weitere Forschungslücke aufdecken. Interessant für die anknüpfende Forschung wäre, die betriebliche **Wertschöpfungskette** an Stelle der Gewinnspanne auf eine Lebensqualitätsspanne auszurichten. Eine alternative Idee wäre die einzelnen Unternehmensbereiche auf die dargestellten LQ-Konzepte auszurichten und so beispielsweise den Sinn einer Akquisition für die (Über-) Lebensqualität des Unternehmens zu erfassen.

7.4 Implikationen zur Operationalisierung

Aus den vorhergehenden Abschnitten ist deutlich geworden, dass Marketing- und Käuferverhaltensforschung komplementäre Bereiche sind, die in vielfältiger Weise in Beziehung zueinander stehen. Zum einen setzt die wissenschaftliche Erforschung der zentralen Bestimmungsfaktoren des Käuferverhaltens geeignete Messkonzepte und Auswertungsverfahren der Marketingforschung voraus. Zum anderen bedarf die Marketingforschung ihrerseits bei der Bildung und Prüfung von Hypothesen einer Theorieunterstützung. Insofern ist die Messung und Abbildung von LQ für das Marketing erfolgsentscheidend.

Die Auswahl der vorgestellten Messinstrumente macht deutlich, dass es viele Ansätze zur Messung der LQ gibt. Jedoch wird auch offensichtlich, wie spärlich diese auf das Marketing und die LQ von Konsumente ausgerichtet sind. Abgesehen von den Ansätzen der amerikanischen LQ-Forschern **Lee** und **Sirgy** zum Consumer Well-being lassen sich aus dem deutschsprachigen Raum lediglich die Studien von Andreas Giger anführen. Erstere konzentrieren sich stark auf den

Aspekt des Well-beings und somit lediglich auf einen kleinen Ausschnitt de LQ-Konstrukts. Auch hier wird die synonyme Verwendung verschiedener Konzepte obsolet, da Sirgy und Lee das Well-being von Konsumenten durch Zufriedenheitsmessungen entlang des Kaufprozesses (Beschaffung, Besitz, Konsum, Pflege und Entsorgung von Konsumgütern und Dienstleistungen) instrumentalisieren.[241]

Die Erhebungen von **Giger** beruhen auf regelmäßig durchgeführten Befragungen des SensoNet-Panels[242], in dem Freiwillige regelmäßig detaillierte Fragen zu derzeit 16 *Sphären*[243] der LQ beantworten.[244] Auch wenn die Güte der Messung aufgrund der kleinen Grundgesamtheit von derzeit 308 befragten Personen fraglich erscheint spricht die ganzheitliche Herangehensweise für dieses Instrument. Insbesondere die zusätzliche Abbildung der Bereiche Nachhaltigkeit, Sinn, Zeit, Reifung, Lebenskunst oder Offenheit liefern neue Erkenntnisse und decken somit Bereiche ab, die für eine ganzheitliche Betrachtung der LQ relevant, jedoch bislang wenig erforscht sind.[245] Besonders interessant an Giger's Messinstrumenten ist, dass sie regelmäßig gepflegt, weiterentwickelt und implementiert werden und daraus direkt Erkenntnisse für das Marketing abgeleitet werden.[246] Zusammenfassend darf diese Forschung für das Marketing als interessant gewertet werden. Sie generiert eine Idee davon, wie innovative Messinstrumente für die LQ aussehen können.

Weiterhin interessant für das Marketing ist der seit 2009 von der **Nestlè AG** in Kooperation mit dem Marktforschungsinstitut **Ipsos** erhobene LQ-Index. Er zeigt das Interesse der Industrie an diesem Gebiet und nimmt hier sicherlich eine Vorreiterrolle ein. Die Umsetzung mit nur vier Items ist jedoch stark auf die

---

[241] Vgl. (Lee, et al., 2002), S. 158.

[242] Alternativ zu repräsentativen Umfragen zum Wertewandel, deren Nachteil laut Giger darin besteht, dass man mit den Fragestellungen an der Oberfläche bleiben muss, weil eine Repräsentativbefragung immer dem Prinzip des kleinsten gemeinsamen Nenners folgt und man viele Menschen fragt, die sich mit dem Thema Werte bisher kaum oder gar nicht bewusst auseinandergesetzt haben, befragt **SensoNet** (www.sensonet.org) nur solche Menschen, die sich für das Thema Werte interessieren und sich damit bewusst beschäftigen. Von dieser "Bewusstseins-Elite" kann angenommen werden, dass sie den Wertewandel in der Gesellschaft vorantreibt. Sie ist gleichsam die Vorhut, aus deren Bewegungsrichtung abgeleitet werden kann, wohin sich etwas später die Gesellschaft bewegt. Sprachrohr dieser „Bewusstseins-Elite" in Sachen Werte ist SensoNet, ein Netz aus einigen hundert Menschen im gesamten deutschsprachigen Raum, die regelmässig online über ihre Wünsche und Erwartungen an die Zukunft, aber auch über ihre eigene Entwicklung befragt werden. Vgl. (Giger, 2010b).

[243] Giger bezeichnet die LQ-Dimensionen als Sphären.

[244] Vgl. (Giger, 2010d), (Giger, 2010c)

[245] Vgl. (Giger, 2010c)

[246] Vgl. (Giger, 2010a)

Lebensmittelbranche zugeschnitten.[247] Wenn auch nicht verallgemeinerbar, so spricht dieser Ansatz doch für die innovative Herangehensweise des Unternehmens an die LQ-Thematik.

Generell gilt, dass viele Messinstrumente auf altbewährte Skalen, Items und Untersuchungsdesigns zurückgreifen, wie z. B. *Cantril's Self Anchoring Ladder*,[248] die *Affect-Balance Scale*[249] oder den *Life-Satisfaction-Index*[250]. Diese werden meist weiterentwickelt, an besondere Umweltsituationen angepasst oder schlicht gekürzt. Ein für das Marketing geeignetes, auf unternehmerische und marketingspezifische Probleme ausgerichtetes Instrument ist bislang nicht entwickelt worden. Hier besteht sicherlich weiterer Forschungsbedarf.

An dieser Stelle sei explizit auf die evolutionäre Logik des Begriffs Lebens*qualität* hingewiesen. Immaterielle Werte lassen sich wesentlich weniger leicht messen als materielle. Geld ist ein hoch standardisierter Maßstab, mit dem sich leicht quantifizieren und vergleichen lässt. Solche quantitativen Beurteilungskriterien gibt es für immaterielle Werte nicht. Sie obliegen dem Bereich der Qualität. Eine Akzentverschiebung vom Materiellen zum Immateriellen bedeutet immer auch eine solche von Quantität zu Qualität.[251] Dies sei angemerkt, um den Zielkonflikt zu betonen, dem die LQ ausgesetzt ist: auf der einen Seite wird die Endlichkeit materiellen Wachstums und allem Quantifizierbaren begriffen und das Potenzial des Immateriellen und Qualitativen erkannt. Gleichzeit fordern jedoch wissenschaftliche Manifeste, Wirtschaftlichkeitsrechnungen und das Sicherheitsbedürfnis der Entscheider in Unternehmen und im Marketingmanagement messbare Kennzahlen und quantifizierbare Instrumente. Diese Kontroverse erschwert die Durchsetzung des Leitwert LQ einmal mehr.

Zusammenfassend gilt es, die Vielzahl an Messinstrumenten als Überblick zu verstehen und aus diesem *Baukasten* entsprechend der eigenen unternehmerischen Zielsetzung ein Tool für das jeweilige Unternehmen oder den Zweck der Messung zusammenführen.

Als weitere Forschungsaktivität wäre es von Interesse, LQ-Dimensionen aus Nutzenanalysen der Stakeholder, Kunden und Mitarbeiter abzuleiten sowie der zentralen Stellung des Individuums in Bezug auf die LQ Rechnung zu tragen,

[247] Vgl. (Nestlè, 2009)
[248] Vgl. (Cantril, 1965)
[249] Vgl. (Bradburn & Caplovitz, 1965)
[250] Vgl. (Neugarten, et al., 1961)
[251] Vgl. (Giger, 2010b)

indem Kunden immer wieder gefragt werden, was ihre LQ fördert und schmälert. Diese Ergebnisse seien als ständiger Anreiz zu Weiterentwicklung der Angebotspalette, des Leistungsspektrums und der Kommunikation genutzt. Dabei ist zu berücksichtigen, dass sich LQ mit den Rahmenbedingungen im Laufe der Zeit und des Lebens verändert: das Potenzial liegt im kontinuierlichen Monitoring der Bedürfnisse, der Probleme, Ängste und Sorgen der Menschen und der Zielsetzung ihnen Lösungen zu bieten, Antworten zu geben, Hilfestellungen oder auch positive Erfahrungen und Weiterentwicklungsmöglichkeiten, die sie in der aktuellen Situation für ein Leben von höherer Qualität benötigen. Die Messinstrumente müssen entsprechend weiterentwickelt werden und dürfen vom Management nicht als allgemein oder endlos gültig erachtet werden.
Es ist anzuraten, die stark qualitative Prägung des LQ-Konstrukts, welches nicht auf einfache Art quantitativ abgebildet werden kann, zu akzeptieren. Statt dies zu erzwingen, scheint es lohnenswert, Engagement in die Entwicklung von qualitativen Maßnahmen zu investieren sowie in den dauerhaften Aufbau von Kommunikation und den Austausch mit den verschiedenen Interessensgruppen und der Unternehmensumwelt.

7.5 Implikationen zum Marketingmanagement

Das einzige umfassende QoL-Marketingmanagementkonzept stammt von **Sirgy** und **Lee**.[252] Es wurde bereits in der Arbeit von Rochel erläutert und soll an dieser Stelle lediglich in groben Zügen umrissen werden um dem Leser einen Hintergrund zu vermitteln, vor dem dieses Managementkonzept in Anbetracht sich stellender Zukunftsperspektiven und Herausforderungen für das Marketing diskutiert werden kann.[253] Sirgy und Lee (2004) definieren QoL-Marketing als „(...) business mechanism that plans, prices, promotes, and distributes consumer goods for the purpose of enhancing customer well-being (i. e. marketing beneficiance) while preserving the well-being of all other stakeholders (i. e. marketing nonmaleficiance)" (S. 45). Die Autoren stützen ihr Konzept auf drei theoretische Ansätze die **Stakeholder-Theorie**[254], das **Societal Marketing**[255] sowie das **Relationship Marketing**[256].

---

[252] Vgl. (Lee & Sirgy, 2004)
[253] Vgl. (Rochel, 2005), S. 58ff.
[254] Die Idee einer Unternehmung im Kontext gesellschaftlicher Interessen wird durch die **Stakeholder-Ansätze** beschrieben. Vgl. (Hansen & Bode, 1999), S. 381. Bei diesen Ansätzen geht

Das QoL-Marketing-Konzept weist eine Dreiteiligkeit auf, bestehend aus **Vorraussetzungen**, **Komponenten** und **Konsequenzen**.[257]

Bedingungen aus dem Umfeld, der Organisation sowie des Individuums bestimmen die **Voraussetzungen**.[258] Die zwei **Komponenten** des QoL-Marketing bestehen aus der *beneficiance*-Komponente, die das Wohlbefinden des Konsumenten steigert und der *nonmaleficiance*-Komponente, welche die Erhaltung des Wohlseins aller anderen Stakeholder zum Ziel hat.[259] Diese Komponenten resultieren in für jeden Marketingmanager wünschenswerten **Konsequenzen**: das QoL-Marketing steigert das WB der Konsumenten, diese infolge dessen ihr Vertrauen gegenüber dem Unternehmen sowie ihr Commitment. Das Unternehmen profitiert von dem positiven Image sowie dem gesteigerten Wohlwollen welches ihm von allen Stakeholdern entgegen gebracht wird.[260] Die zielsetzende Ausrichtung des QoL-Marketing umfasst die LQ der gesamten Gesellschaft.[261]

Kritik an diesem Konzept üben z. B. **Miles** und **White** (1998). Die implizierte perfekte Welt sei unrealistisch und führe zu Effizienz- und Effektivitätsverlust, zu höheren Preisen, geringerem Angebot, höherer Arbeitslosigkeit und letztlich zu weniger gesellschaftlichem Wohlstand.[262]

---

es darum, die Aufmerksamkeit des Unternehmens nicht nur auf die Aktionäre (Shareholder-Konzept) zu lenken, sondern auf alle Individuen und Gruppen, die vom unternehmerischen Agieren betroffen sind. Vgl. (Esch, et al., 2008), S. 159.

255 Der Begriff des **Societal Marketing** wurde von (Kotler, 1986) eingeführt als: „the organization's task to determine the needs, wants, and interests of target markets (...) more effectively and efficiently than competitors in a way that preserves or enhances the consumer's and the society's well-being“ (S. 16). Seither wurde der Begriff beständig weiterentwickelt und umschreibt alle Fälle unternehmerischen Handelns, die bewusst auf egoistische, zu Lasten der Belange der Allgemeinheit gehende Ziele verzichten und darüber hinaus aktiv unter Hinnahme von nicht unbeträchtlichen Kosten für eine Sache zum Wohl der Gesellschaft eintritt. Vgl. (Nieschlag, Dichtl, & Hörschgen, 1985), S. 20f.

256 Das **Relationship Marketing**, in dessen Fokus die Beziehungspflege steht, hat seinen Ursprung im Dienstleistungsbereich. Im Gegensatz zum Transaktionsmarketing ist es auf Langfristigkeit in Bezug auf Produkt/Leistung und Interaktion ausgerichtet und zielt dabei auf die Akquise, Bindung und Rückgewinnung von Kunden. Im Strategiefokus steht dabei verstärkt der Dialog, anstelle der Information. Eine wesentliche ökonomische Erfolgs- und Steuergröße ist neben Gewinn, Deckungsbeitrag und Kosten der Kundendeckungsbeitrag sowie der Kundenwert. Vgl. (Bruhn, 2004), S. 31.

257 Vgl. (Lee & Sirgy, 2004), S. 50.

258 Soziales Bewusstsein und ethische Haltung bestimmen die **Umfeldbedingungen**. Die Aktionen der Organisation, langfristig moralische und soziale Ziele zu erreichen bezeichnen die Autoren als **organisatorische Bedingungen**. Die **individuellen Vorraussetzungen** bestimmen eine begeisterungsfähige, engagierte Persönlichkeit, ethische Ideale sowie eine moralische Einstellung die sich in fürsorglichen Handlungen gegenüber den Konsumenten niederschlägt. Vgl. (Lee & Sirgy, 2004), S. 52ff.

259 Vgl. (Lee & Sirgy, 2004), S. 44.

260 Vgl. (Lee & Sirgy, 2004), S. 50.

261 Vgl. (Rahtz & Sirgy, 2000), S. 175.

262 Vgl. (Miles & White, 1998), S. 417; (Rochel, 2005), S. 61.

Darüber hinaus scheint der Ansatz v. a. in seinen Bedingungen schwer durchsetzbar, was sich an folgendem Beispiel veranschaulichen lässt: "A QoL marketing firm makes pricing decisions to enhance customer well-being by pricing the firm's products affordably" (Lee & Sirgy, 2004, S. 47). Es kann nicht Ziel eines Marketingansatzes sein, auf die Ausschöpfung von Preisspielräumen und somit die Erzielung von Rentabilität zu verzichten, welche am Ende des Tages das langfristige Überleben der Unternehmen und somit auch die nachhaltige Versorgung der Konsumenten mit den gewünschten Produkten und Dienstleistungen sicherstellt.

So kann letztlich die Frage, ob die mangelnde Durchsetzung des LQ-Konzepts in der Praxis nicht auch darin begründet liegt, dass es an umsetzbaren Managementkonzepten mangelt, positiv beantwortet werden. Abschließend ist festzuhalten, dass es von unverzichtbarer Notwendigkeit ist, ein QoL-Konzept für das Marekting zu formulieren welches **implementierbar** ist. Es darf nicht nur auf Konsumgüter spezifisches Marketing beschränkt sein,[263] sondern muss ein vernetztes kundenzentriertes Marketing, gesellschaftsorientiertes kommerzielles und nichtkommerzielles Marketing sowie das innengerichtete Marketing integrieren.[264] Hierzu könnte in einem ersten Schritt eine vergleichende Studie von „Best-Practice-LQ-Unternehmen" evaluiert werden und diese im Hinblick auf ähnliche, auffällige oder gleiche Faktoren oder Erfolgstreiber analysiert werden (z. B. *Allnatura*, die *GLS Bank*, *Weleda* oder *Hermannsdorfer*) um daraus Kennzeichen eines LQ-Unternehmens abzuleiten und vor allem die Profitabilität dieser Unternehmen aufzuzeigen und so den Nutzen darstellen zu können, der die Implementierung der LQ als Marketingmanagementkonzept rechtfertigt.

7.6 Potenzialabschätzung für den Leitwert LQ aus den Zukunftsperspektiven des Marketing

Die Zukunftsperspektiven des Marketings haben vor der Dynamik der unternehmerischen Mikro- und Makroumwelt seit jeher Wissenschaft und Praxis gleichermaßen beschäftigt. Die Interpretation des Marketingbegriffs, die Verankerung der marktorientierten Führung in den Unternehmen stand dabei

[263] Vgl. (Lee & Sirgy, 2004), S. 45.
[264] Vgl. (Meffert, et al., 2008), S. 847.

ebenso zur Diskussion wie die Vielfalt praktischer Ausgestaltungsformen und wissenschaftlicher Paradigmen des Marketing. Die Einschätzungen und Prognosen der künftigen Entwicklung der Marketingdisziplin sind dabei häufig nicht hinreichend wissenschaftlich fundiert und in ihren spekulativen Aussagen umstritten.[265]

Dennoch ist es für die Abschätzung der Entwicklung eines neuen Leitwerts zentral, die einschlägigsten Entwicklungsperspektiven in groben Zügen zu skizzieren. Auf die Notwendigkeit dieses Vorgehens weisen vor allem Sabel und Weiser (1998) hin: „Ist das Ziel eine echte Marktorientierung, so muss Marketing alle Veränderungen aufgreifen und sich in der Zeit selbst ändern. In diesem Sinn muss Marketing dynamisch sein, eine gewissermaßen permanente Orientierung an der Umwelt mit der Ableitung der entsprechenden Konsequenzen für das unternehmerische Verhalten. Das fordert nicht nur die Empirie, auch die Theorie hat dem zu folgen" (S. VI). Ausgangspunkt der folgenden Darlegungen bildet die Erkenntnis, dass das Marketing als angewandte Disziplin maßgeblich von den Veränderungen in den Umweltbedingungen und den Märkten geprägt wurde. Auf **Makroebene** wird die Markt-Kunden-Wettbewerbsbeziehung im Wesentlichen von **politischen, rechtlichen, demografischen, ökonomischen, technologischen, umweltpolitischen sowie sozio-kulturellen Faktoren** beeinflusst.[266]

Zu den wesentlichsten **Einflussfaktoren** auf die Gestaltung des Marketing zählt der **demographische** Wandel in den Industrieländern hin zur **Überalterung** [267] wobei anzumerken ist, dass LQ für Ältere generell eine höhere Rolle spielt als für Jüngere. Meist haben sie ihren Wohlstand materiell abgesichert und richten ihren Fokus stärker auf die eigene Verwirklichung, ethische und moralische Aspekte sowie die soziale Integriertheit. Der große Anteil den die Gerontologie an der LQ-Forschung hat belegt diese Aussage.[268]

Ein weiterer Einflussfaktor ist die Zunahme des **ökologischen Bewusstseins** in Folge steigender Energiepreise und zahlreicher Umweltkatastrophen, wie z. B. der aktuellen Ölkatastrophe durch BP[269] im Golf von Mexiko.

---

[265] Vgl. (Meffert, et al., 2008), S. 847.

[266] Vgl. (Kotler, et al., 2007), S. 32.

[267] Vgl. (Bayerisches Staatsministerium für Wirtschaft, 2002), S. 20; (Rössel, Schaefer, & Wahse, 1999), S. 25ff.

[268] Vgl. (Lohmann, 1980), (Barresi, Ferraro, & Hobey, 1983), (Meadow, 1983), (Stock, et al., 1986), (Arnold, 1991), (Lawton, 1991), (Lieberman, 1970), (George & Bearon, 1980), (Salomon & Conte, 1981).

[269] BP stand früher für „British Petroleum", heute als Backronym für den Slogan „Beyond Petroleum" und ist ein international tätiges Energieunternehmen.

Die Tendenzen im **Unternehmensverhalten** werden neben der zunehmend zentralen E-Business-Aktivität, der rasant voranschreitenden Internet-Technologie und dem Konzentrationsprozess im Handel vor allem durch einen Faktor getrieben der für ein lebensqualitätsorientiertes Marketing spricht: der Erwartung von Seiten der Bevölkerung gegenüber der Wirtschaft, sich aktiv in der Gesellschaft zu engagieren.[270] Dies verlangt von Unternehmen, gesellschaftliche Verantwortung – **Corporate Social Responsibility (CSR)**[271] – zu übernehmen und diese in ihrer Organisation zu verankern. Wird die CSR mit den Kernkompetenzen des Unternehmens in einem längerfristigen Verhaltensplan strategisch gebündelt und ist sie gezielt auf die unterschiedlichen Anspruchsgruppen ausgerichtet, so kann hierdurch ein deutlicher Mehrwert entstehen. Gesellschaftlich verantwortliches Verhalten stellt in Zukunft mehr noch als heute die Legitimation für wirtschaftliches Handeln dar.[272]

Auch die **zunehmende Verschärfung des Wettbewerbs** liefert einen interessanten Ansatzpunkt für ein QoL-Marketing. **Lee und Sirgy** (2004) fordern von einem QoL-Marketing ein „Beneficiance-Nonmaleficiance" Handeln (S. 44), dass auf den ersten Blick realistisch schwer durchsetzbar erscheint. Im Hinblick auf intensivierte Wettbewerbsstrategien könnte es jedoch erfolgsentscheidend sein und beinhaltet bei genauerer Betrachtung komponentenhaft eine Weiterentwicklung des Societal Marketing. Im Zusammenspiel von technologischen Entwicklungen und der verstärkten Bildung strategischer Kooperationen, De-Vertikalisierungstendenzen und Vorwärts- sowie Rückwärtsintegrationen bildet sich die Erosion der Firmen- und Branchengrenzen als charakteristisches Wettbewerbsphänomen der Zukunft heraus.[273] Das wohlgesinnte, partnerschaftliche Verhalten in diesen vielfältigen Beziehungen könnte künftig gewinnbringend sein und eine notwendige Vorraussetzung für langfristiges Bestehen eines Unternehmens.

Als letzte entscheidende Einflussfaktoren in Bezug auf das Konsumentenverhalten begünstigen die zunehmende Individualisierung und die Hinwendung zu **post-**

---

270 Vgl. (Meffert, et al., 2008), S. 853.

271 **CSR** stellt einen von sozialem Verantwortungsbewusstsein geprägten Führungsanspruch dar, der auf normativer Ebene vom Top-Management in grundlegenden Werten und Leitbildern vorgelebt, in der Unternehmenskultur fest verankert und auf allen Ebenen des Unternehmens akzeptiert und gelebt werden muss. Vgl. (Meffert, et al., 2008), S. 853.

272 Vgl. (Meffert, et al., 2008), S. 853.

273 Vgl. (Meffert, et al., 2008), S. 854f.

materiellen Werten[274] der Konsumenten LQ als Leitwert. Grundsätzlich dokumentiert sich die Dynamik des Konsumentenverhaltens in einer weiteren Differenzierung und Polarisierung der Konsumwünsche. Dabei zählt die Individualisierung zu den zentralen Verhaltenstrends. Resultierend aus einer Abkehr von alten Bindungs- und der Hinwendung zu neuen Entfaltungswerten.[275] Auch hier zeigt sich viel Potenzial für die LQ-Forschung und bietet die IQoLT ein breites Spektrum an Entfaltungsmöglichkeiten an, die LQ als neuen Leitwert stützen und sich letztlich auch an diese emergente interessierte Masse verkaufen lassen.[276] Unterstrichen wird diese Entwicklung von einem verstärkten Willen zur Selbstverwirklichung, aber auch in der Bereitschaft, Eigenverantwortung zu übernehmen.[277] Auch hierin zeigen sich Anknüpfungspunkte für das LQ-Konstrukt. Das Konsumverhalten in einzelnen Produktfeldern lässt dabei immer weniger den für das Marketing so wichtigen Rückschluss auf zugrunde liegende Zielgruppenstrukturen zu.[278] Die Zielgruppen zersplittern zunehmend und werden zeitlich instabiler. Zum einen wechseln die Konsumenten ihre Konsumpräferenzen immer häufiger zum anderen sinkt ihre Marken- und Anbieterloyalität bei Innovationen der jeweiligen Wettbewerber. Bezogen auf den einzelnen Konsumenten zeichnen sich dabei weiterhin „hybride“ Konsumstrukturen ab. So steht der Nachfrage nach niedrigpreisigen Gütern des täglichen Bedarfs oft ein steigender Bedarf an Luxusgütern gegenüber. Verstärkt wird dieser Aspekt durch die Zunahme zwischen sehr armen und reichen Konsumentengruppen, die

---

[274] Vgl. (Inglehart, 1979), S. 3ff.; (Inglehart, 1989), S. 11ff.; (Klages, 1992), S. 12ff. Der von Inglehart geprägte **Wertewandel** von den materialistischen Werten hin zu den post-materialistischen Werten gründet in der bereits vorgestellten Arbeit von A. Maslow (1970). Inglehart fasst die Bedürfnisse der untersten beiden Ebenen der Bedürfnispyramide (siehe Abb. 2) zu den *materialistischen Werten* zusammen. Die restlichen Bedürfnisse nennt er zusammenfassend *post-materialistische Werte*. (Bruhn & Homburg, 2004) definieren den Wertewandel als „Veränderung von Werten (verstanden als grundlegende Strebensinhalte z. B. Wohlstand, Freiheit, Selbstverwirklichung), die aufgrund der Verflechtung mit Bedürfnissen und Einstellungen Verhaltensweisen und Lebensstile prägen“ (S. 896). In der Veröffentlichung „The Silent Revolution“ (Inglehart, 1977) beschreibt Inglehart eine Verschiebung zugunsten der post-materiellen Werte in der jüngeren Generation (vgl. (Inglehart, 1977), S. 34ff.). Mit dieser *stillen Revolution* geht ein intergenerationaler Kulturwandel auf der Makroebene, sowie die Betonung von Individualität und Selbstverwirklichung auf der Mikroebene einher. Vgl. (Inglehart, 1989), S. 14. Dieser Wandel beeinflusst auch die wirtschaftlichen Wachstumsraten. Vgl. (Inglehart, 1989), S. 11.

[275] Vgl. (Meffert, et al., 2008), S. 850.

[276] Vgl. (Giger, 2010a), (Csikszentmihalyi, 1995), (Huber, 2002), (Steinle, 2007), (Papstein & Steinle, 2007).

[277] Vgl. (Hock & Bader, 2001)

[278] Unter dem als **Marktsegmentierung** bekannten Phänomen knüpft man an geographische, biologische, soziodemographische und psychologische Merkmale der Konsumenten bzw. Abnehmer an, sowie deren beobachtbarem Kauf- und Informationsverhalten, prüft deren Problemrelevanz und erhält durch statistische Methoden produktspezifische Käufertypen, für die sich meist „maßgeschneiderte“ Marketing-Strategien entwickeln lassen. Vgl. (Nieschlag, et al., 1985), S. 14.

grundsätzlich unterschiedliche Bedürfnisse artikulieren. Darüber hinaus wird die Käufertypologisierung durch eine Polarisierung in globale Konsummuster (z. B. McDonald's) einerseits und der Rückbesinnung auf nationale (z. B. Persil, Miele), regionale (z. B. Unser Land) und sogar lokale (z. B. Augustiner Bier) Marken und Geschmacksausprägungen andererseits zusätzlich erschwert.[279] Entscheidend ist hierbei, dass sich die Konsumenten zunehmend auf die Qualität - oder die LQ - austauschbarer Angebote verlassen.[280]

Diese veränderten Rahmenbedingungen haben deutliche Auswirkungen auf die **Mikroumwelt** der Unternehmen und die marktorientierte Unternehmensführung und schlagen sich in einem veränderten Verhalten der **Marktteilnehmer „Konsument"**, **„Unternehmen"** und **„Wettbewerber"** nieder. Dementsprechend werden die Triebkräfte in der **Makro- und Mikroumwelt** des Marketings mit den zentralen Trends und Schlüsselfaktoren für die künftige Ausgestaltung der marktorientierten Führung entscheidend sein und lässt sich hier die Wahrscheinlichkeit für ein neues QoL-Marketing erkennen und positiv beurteilen.

Als abschließende Handlungsempfehlung kann die Betrachtung bereits **etablierter neuerer Konzepte** wie CSR, Societal Marketing, Non-Profit Marketing aber auch neue Wohlfahrtskonzepte wie Human Development, Liveablity, Nachhaltige Entwicklung, Social Exclusion and Inclusion, Civil Society und Social Cohesion wertvolle Ansätze zur Gestaltung des QoL-Marketing liefern.[281]

---

279 Vgl. (Meffert, et al., 2008), S. 851ff.
280 Vgl. (Kanter, 1981), S. 49.
281 Vgl. (Noll, 1999), S. 21ff.

8 Fazit

In Anbetracht der gegenwärtigen Einflüsse auf Makroebene sprechen demographische, ökologische, sozio-politische wie auch individuelle und wettbewerbsbezogene Faktoren für einen Wertewandel hin zu postmateriellen Werten und begünstigen somit die Zielgrößenverschiebung im Marketing von der Kundenzufriedenheit zur Ausrichtung auf ein Lebensqualitätsmarketing. Dennoch ist diese Verschiebung in der Praxis bislang nicht evident. Die vorliegende Arbeit leistet einen wesentlichen Beitrag zum Verständnis dieses Phänomens indem sie die Problemfelder des Konstrukts LQ beleuchtet und Erklärungsansätze aufzeigt, welche die Implementierung der LQ als Leitwert für das Marketingmanagement bislang verhindern. Diese hindernden Faktoren impliziert bereits der Titel welcher somit gleichzeitig die Struktur der Arbeit manifestiert. Nachdem die Begriffsabgrenzung, Konzeption sowie Operationalisierung des Konstrukts als Problemfelder herausgearbeitet wurden, konnten jeweils umfassende Lösungsansätze aufgezeigt werden. Additiv erfolgte die Analyse und Zuordnung einer Vielzahl von Messinstrumenten aus verschiedenen Forschungsdisziplinen zu den jeweiligen Konzepten. In einem Zwischenfazit konnte nicht nur eine einheitliche Definition sondern auch eine integrative, eigene Darstellung des Konstrukts LQ erfolgen. Ausgehend davon liesen sich gewichtige Implikationen für das zukünftige Marketingmanagement ableiten, Forschungslücken aufzeigen sowie erste Ideen für weitere Forschungsaktivitäten generieren.

Abschließend lässt sich festhalten, dass die Probleme des LQ-Konstrukts die wesentlichen Teilschritte des Marketingmanagementprozesses in Bezug auf die Formulierung von Marketing-Zielen und der Strategie zur Erreichung dieser Ziele, die Implementierung durch Ausgestaltung des Marketing-Mix sowie die Erfolgskontrolle durch geeignete Messinstrumente betreffen und im nächsten Schritt angegangen werden müssen. Konkretisieren lässt sich dies durch die Formulierung der nächsten Forschungsschritte, welche diese Arbeit in einer einheitlichen Definition von LQ sowie LQ-Marketing, einem LQ-Marketingmanagement-Konzept und der Formulierung des Nutzens aus Perspektive der Kunden, der Mitarbeiter, der Unternehmensrentabilität sowie der Gesellschaft ausmacht.

Anhang

A Definitionstabelle Lebensqualität

Autor, Jahr, Seitenangabe	LQ= Definiens[282]	individuell (i), gesellschaftlich / kollektiv(g)	objektive Lebensbereiche/ -situation	subjektive Bewertung (B) oder Wahrnehmung (W)	Maßstäbe der Bewertung[283]	zeitlicher Aspekt[284]	Einflussfaktoren[285]	Selbstverwirklichung, Entwicklung	Bezug zu und Genuss von Natur und Kunst	Bedürfniserfüllung
Allardt, 1976, S. 229.		i	x	B, W						
AMA, 2010		i, g	x	B			SWB			
Andrews & Withey, 1976, S. 4			x	x						
Brockhaus, 1990, S. 112f.	Z	g	x			x				
Culyer, 1990, S. 10			x	x						
Environmental Protection Agency, 1973		i								
Flanagan, 1978, S. 139f.			x	x	I		Ges,	x	x	
George & Bearon, 1980, S. 6			x	x	x	s, m, i	Ges, P			
Gerson, 1976, S. 794.		i		B						
Giger, 2004, S. 35f.	O	i	x			x	B			
Zapf, 1984, S. 23	O		x	W, B						
Heissel, 1998, S. [illegible]6.	m			W. B	i					
Higgs, 2007, S. 333.			x	x			SWB, G, ZUF			x

[282] **Definiens** der LQ, z. B. globales (g), hierarchisches (h), übergeordnetes (ü), multidimensionales (m) theoretisches Konstrukt (K), Ergebnis (E), übergeordnetes Konzept (ü), (Bewertungs-)Prozess (P), Errungenschaften einer funktionierenden Wirtschaft für ein menschenwürdiges Leben (Er), Orientierung (O), gutes Leben (gL), Zielwert (Z).

[283] **Maßstäbe der Bewertung**: kulturell (ku), Interaktion Person-Umwelt (I) soziale Normen (s), individuelle Ideale (i), affektive (a) und kognitive (ko) Faktoren, moralische Werte (m).

[284] **Zeitlicher Aspekt**: dynamischer Wandel der LQ im Laufe des Lebens, Vergangenheits- Gegenwarts- Zukunftsbezug.

[285] **Einflussfaktoren**: Lebenseinstellung (L), Persönlichkeitsmerkmale (P), Glück (G), Werte (W), subjektives Well-being, (SWB), Zufriedenheit (ZUF), Gesundheit (Ges), Balance (B), Sinn im Leben (S).

Lawton, 1991, S. 6	m	i		B	l,s,i	x				
Autor, Jahr, Seitenangabe	**LQ= Definiens**	**individuell (i)/ gesellschaftlich / kollektiv(g)**	**objektive Lebensbereiche/ -situation**	**subjektive Bewertung (B) oder Wahrnehmung (W)**	**Maßstäbe der Bewertung**	**zeitlicher Aspekt**	**Einflussfaktoren**	**Selbstverwirklichung, Entwicklung**	**Bezug zu und Genuss von Natur und Kunst**	**Bedürfniserfüllung**
Leelakulthanit, Day, & Walters, 1991, S. 5.		i		B	s, i	x	i, ZUF			
Liu, 1975, S. 2,3 11f.	E, m	i	x	W						
Nussbaum, 1993, S. 31f.		i	x	x						
Reinhold, 1997, S. 400.	Er	g								
Rupprecht, 1993 (1), S. 29	g,ü, K		x	x	a, ko					
Rupprecht, 1993 (2), S. 76f.	E, P, m	i	x	x	l, i, s, ko, a	x				
Sirgy, 2002, S. 15 und Sirgy & Wu, 2009, S. 194.				a, ko		x	SWB, G, ZUF, B			
Specht, 1974, S. 130.			x							x
Susniene & Jurkauskas, 2009, S. 59.		i		B	i					
Ventegodt, Merrick, & Andersen, 2003, S. 1030	g, L						B, S, ZUF, G	x		x

B Erläuterung des Konzepts der Biologische Ordnung

Dieses Konzept eröffnet eine medizinisch-biologische Perspektive auf die Betrachtung der LQ. Aufgrund der fehlenden direkten Ansatzpunkte und Umsetzbarkeit des Konzepts für die Forschungsdisziplin des betriebwirtschaftlichen Marketing soll es jedoch weder durch Messinstrumente[286] instrumentalisiert, noch in der Tiefe ausgeführt werden. Dennoch ist dieser auf die biologische Gesundheit ausgerichtete Ansatz aus Gründen der Vollständigkeit und Verständlichkeit sowie am Rande durch sein Potenzial als Zukunftsmarkt erwähnenswert. Nicht umsonst prophezeien Experten, dass im nächsten Kondratieffzyklus die Gesundheit das Automobil als wachstumstreibenden die gesamte Weltwirtschaft fördernden Innovations-Faktor ablöst.[287]

Der Aspekt der biologischen Ordnung der integrativen LQ-Theorie (IQoLT) befasst sich mit der fundamentalen, biologischen Konstitution des Menschen. Durch den genetischen Code ist das Leben von Grund auf durch das Prinzip der Ordnung charakterisiert. Physische Gesundheit reflektiert den Status des biologischen Informationssystems (BIS) das die lebensnotwendige Kommunikation zwischen den Zellen beschreibt, da die Zellen genaueste Informationen brauchen um korrekt zu funktionieren und den Körper dadurch gesund erhalten zu können. LQ liegt nach diesem Ansatz in der Konformität zwischen der aktuell, aktiv gelebten Lebensweise und der intrinsisch bestimmten körpereigenen Optimalformel. Ist die Kommunikation zwischen den Zellen des Organismus nicht optimal, können auch die Erfahrungen und das Bewusstsein - kurz die Qualität des Lebens - nicht optimal sein. Lebenssinn und biologische Ordnung sind der Annahme der IQoLT gemäß eng miteinander verbunden. Eine Person, die den Sinn in ihrem Leben verloren hat, ist - scheinbar ohne Grund - anfällig für Krankheiten. Im Zuge der Evolution hat das BIS das zentrale Nervensystem hervorgebracht. Es verarbeitet sensorische Eindrücke aus der Umwelt und stellt so sicher, dass der Körper mit maximalem Potenzial reagiert. Im Gehirn wird aus der Summe aller sensorischen Daten ein Bild der Umwelt erstellt. Die Summe dieser Abbilder leitet den Menschen. Es ergibt sich konsequenterweise, dass diese inneren Bilder die Fähigkeit in der Welt zu agieren und zu funktionieren prägen. Bei ansonsten gleicher Ausgangslage führen dürftige innere Bilder zu dürftiger LQ und positive

---

286 Die Messinstrumente, die sich mit diesem Feld der LQ befassen entstammen dem medizinischen Feld und lassen sich dort in einer Vielzahl auffinden.

287 Vgl. (Kartte, Neumann, & Kainzinger, 2005), S. 3.

Manifeste zu einem reichen Leben. Der Grund dafür liegt darin, dass gute Annahmen es ermöglichen, die eigenen Anlagen zu erkennen, sich ergebende Chancen wahrzunehmen und konstruktive Entscheidungen zu treffen. „Gute" Annahmen oder Bilder dienen als Brücke zur externen Welt und stellen die optimale Balance zwischen den innersten Sehnsüchten und sich ergebenden Gelegenheiten im Leben dar.[288]

288 Vgl. (Ventegodt, Merrick, & Andersen, 2003), S. 1043.

C Erläuterung des Konzepts zur Realisierung des eigenen Potenzials

Menschliches Leben befindet sich in ständiger Entwicklung. Menschen nutzen einen Vorrat an Potenzialen um daraus kreative Arbeiten, soziale Beziehungen oder eine Familie zu gründen, kurz: in vollen Zügen zu leben. Im Laufe der Entwicklung des eigenen Potenzials verlinken sich die Individuen auf einer Reihe von Ebenen mit der Realität. Der bewusst gewählte biologische Ausgangspunkt reduziert die Bedeutung des Lebens jedoch nicht, sondern drückt lediglich aus, dass die integrative Theorie der LQ eine generelle Qualität aufweist, in dessen Zentrum der Austausch bedeutender Information zwischen lebendigen Systemen steht: Von der Zelle über den Organismus zur Gesellschaft und so ein biopsychosoziales Modell beschreibt.[289] Dieser Punkt sei jedoch aus zuvor genannten Gründen in dieser Arbeit nicht weiter vertieft.

[289] Vgl. (Ventegodt, et al., 2003), S. 1035f.

D Webpage AMA: Definition „Marketing“

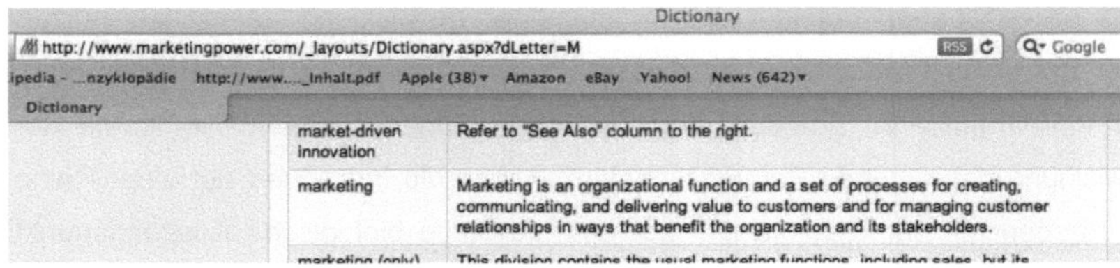

Aufgerufen am: 13.06.2010

E Webpage AMA: Definition „Quality of Life“

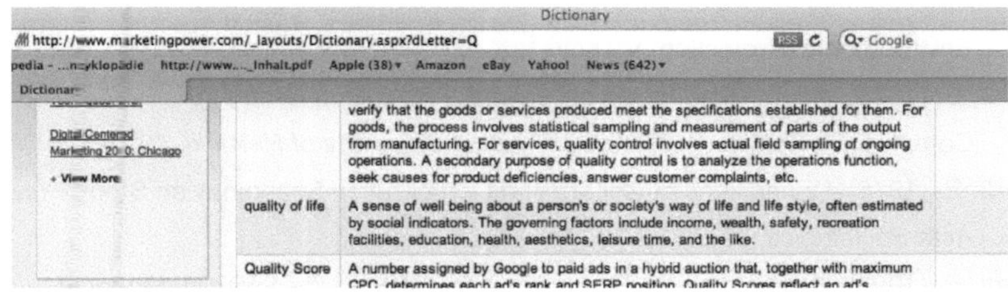

Aufgerufen am: 14.06.2010

Literaturverzeichnis

Agency, Environmental Protection (1973). *The Quality of Life Concept*. New York: Environmental Protection Agency.

Allardt, E. (1973). About Dimensions of Welfare – Research Group for Comparative Sociology. *Research Report University of Helsinki, 1973*(1).

Allardt, E. (1976). Dimensions of welfare in a Comparative Scandinavian Study. *Acta Sociologica, 19*(3), 227-239.

Allardt, E. (1993). Having, Loving, Being: An Alternative to the Swedish Model of Welfare Research. In M. Nussbaum & A. Sen (Eds.), *The Quality of Life* (pp. 88-94). Oxford: Clarendon Press.

AMA. (2010a). Definition Modern Marketing. Retrieved 13.06.2010, from http://www.marketingpower.com/_layouts/Dictionary.aspx?dLetter=M#micromarketing

AMA. (2010b). QoL Definition. Retrieved 14.06.2010, from http://www.marketingpower.com/_layouts/Dictionary.aspx?dLetter=Q

Andrews, F., & Robinson, J. (1991). Measures of Subjective Well-Being. In J. Robinson, P. Shaver & L. Wrightsman (Eds.), *Measures of Personality and Social Psychological Attitudes*. San Diego/New York/Boston: Academic Press.

Andrews, F. M., & Withey, S. B. (1976). *Social Indicators of Well-Being. Americans' Perceptions of Life Quality* (1. ed.). New York/London: Plenum Press.

Antonovsky, A. (1987). *Unraveling the Mystery of Health*. London/San Francisco: Jossey-Bass Publishers.

Argyle, M. (1987). *The Psychology of Happiness*. London/New York: Methuen & Co. Ltd.

Arndt, J. (1978). The Quality of Life Challenge to Marketing. In F. D. Reyolds & H. C. Barksdale (Eds.), *Marketing and the Quality of Life* (pp. 1-10). Chicago: American Marketing Association.

Barresi, C., Ferraro, K. F., & Hobey, L. L. (1983). Environmental Satisfaction, Socialbility and Well-Being among Urban Elderly. *The International Journal of Aging and Human Development, 18(4)*, 277-293.

Battista, J., & Almond, R. (1973). The development of meaning in life. *Journal of Psychiatry, 1973(36)*, 409-427.

Bayerisches Staatsministerium für Wirtschaft, V. u. T. (2002). Bayern 2020 - Megatrends und Chancen *Bayern 2020 Tagungsband, 2002*(8).

Birnbacher, D. (1998). Der Streit um die Lebensqualität. In J. Schummer (Ed.), *Glück und Ethik* (pp. 125-145). Würzburg: Königshausen & Neumann.

Bradburn, N. (1969). *The Structure of Psychological Well-Being*. Chicago: Norc.

Bradburn, N., & Caplovitz, D. (1965). *Reports on Happiness. A Pilot Study of Behavior related to Mental Health*. Chicago: Norc.

Brockhaus, Der große (1990) (Vols. 13). Mannheim: Brockhaus.

Brook, R. H., Ware, J. E., Jr., Davies-Avery, A., Stewart, A. L., Donald, C. A., Rogers, W. H., et al. (1979). Overview of adult health measures fielded in Rand's health insurance study. *Med Care, 17*(7), 1-131.

Bruhn, M. (2004). *Marketing. Grundlagen für Studium und Praxis* (7. ed.). Wiesbaden: Gabler.

Bruhn, M., & Homburg, C. (2004). *Gabler Lexikon Markeiting* (2 vollst. überarbeitete und akt. ed.). Wiesbaden: Gabler.

Buddha. (1957). *Reden des Buddha*. Stuttgart: Reclam.

Bullinger, M. (1991). Erhebungsmethoden zur Lebensqualität. In H. Tüchler & D. Lutz (Eds.), *Lebensqualität und Krankheit. Auf dem Weg zu einem medizinischen Kriterium Lebensqualität* (pp. 84-96). Köln: Deutscher Ärzteverlag.

Cameron, P. (1975). Mood as an Incident of Happiness: Age, Sex, Social Class, and Situational Differences. *Journal of Gerontology, 30*(2), 216-224.

Campbell, A. (1976). Subjective Measures of Well-Being. *American Psychologist, 31*(2), 117-124.

Campbell, A., Convers, P., & Rogers, W. (1976). *The Quality of American Life - Perceptions, Evaluations, and Satisfactions*. New York: Russell Sage Foundation.

Cantril, H. (1965). *The Pattern of Human Concerns*. New Brunswick: Rutgers University Press.

Closs, C., & Kempe, P. (1986). Eine differenzierte Betrachtung des Konstrukts Lebenszufriedenheit. *Zeitschrift für Gerontologie, 19*(1), 47-55.

Collins, J., & Fauser, C. (2004). Balancing the strengths of systematic and narrative reviews. *Journal of Human Reproduction Update, 11*(2), 103-104.

Corsten, H. (2000) *Lexikon der Betriebswirtschaftslehre* (4. ed.). München/Wien: Oldenbourg.

Costa, P., & McCrae, R. (1984). Personality as a Lifelong Determinant of Wellbeing. In C. Malatesta & C. E. Izard (Eds.), *Emotion in Adult Development* (pp. 141-158). London: Sage Publications.

Costa, P., McCrae, R., & Zonderman, A. (1987). Environmental and Dispositional Influences on Well-being. Longitudinal follow-up of an American national sample. *British Journal of Psychology, 78*(3), 299-306.

Crumbaugh, J. C., & Maholik, L. T. (1964). An experimental study in existentialism: The psychometric approach to Frankl's concept of noogenic neuroses. *Journal of Clinical Psychology, 20*(2), 200-207.

Csikszentmihalyi, M. (1990). *Flow. The Psychology of Optimal Experience. Steps Toward Enhancing the Quality of Life* (1. ed.). New York: Harper & Row, Publishers, Inc.

Csikszentmihalyi, M. (1995). *Dem Sinn des Lebens eine Zukunft geben. Eine Psychologie für das 3. Jahrtausend*. Würzburg: Klett-Cotta.

Csikszentmihalyi, M. (2000). Refections and Reviews - The Costs and Benefits of Consuming. *Journal of Consumer Research, 27*(2), 267-272.

Csikszentmihalyi, M. (2008). *Flow. Das Geheimnis des Glücks* (14. ed.). Stuttgart: Klett-Cotta.

Culyer, A. (1990). Commodities, Characteristics of Commodities, Characteristics of People, Utilities, and the Quality of Life. In Sally Baldwin, C. Godfry & C. Propper (Eds.), *Quality of Life* (pp. 9-27). London/New York: Routledge.

Dahrendorf, R. (1979). *Lebenschancen. Anläufe zur sozialen und politischen Theorie*. Frankfurt: Suhrkamp.

Day, R. L. (1978). Beyond social indicators: Quality of life at the individual level. In F. D. Reynolds & H. C. Barksdale (Eds.), *Marketing and the quality of life* (pp. 11-18). Chicago: American Marketing Association.

Destatis. (2006). Die Qualitätsstandards der amtlichen Statistik. Retrieved 04.07.2010, from http://www.destatis.de/jetspeed/portal/cms/Sites/destatis/Internet/DE/Content/Service/UeberUns/Qualitaetsmanagement/Qualitaetsstandards2,property=file.pdf

Destatis. (2008). Datenreport 2008. Retrieved 04.07.2010, from http://www.destatis.de/jetspeed/portal/cms/Sites/destatis/Internet/DE/Navigation/Publikationen/Querschnittsveroeffentlichungen/Datenreport,templateId=renderPrint.psml__nnn=true

Diener, E. (2000). Subjective Well-Being - the Science of Happiness. *American Psychologist, 55*(1), 34-43.

Diener, E., Emmons, R. A., Larsen, R. J., & Griffin, S. (1985). The Satisfaction with Life Scale. *Journal of Personality Assessment, 49*(1), 71-75.

Diener, E., Kahnemann, D., & Schwartz, N. (1999). *Well-Being: The foundations of hedonic psychology*. New York: Russell Sage Foundation.

Diller, H. (2007). *Grundprinzipien des Marketing* (2. ed.). Nürnberg: GIM-Verlag.

Drewnowski, J. (1974). *On Measuring and Planning the Quality of Life.* The Hague/Paris: Mouton & Co.

Dubislav, W. (1981). *Die Definition* (4. ed.). Hamburg: Felix Meiner Verlag.

DuPuy, H. P. (1984). The Psychological General Well-Being (PGWB) Index. In N. K. Wenger, M. E. Mattson, C. D. Furburg & J. Ellison (Eds.), *Assessment of Quality of Life in Clinical Trails of Cardiovascular Therapies* (pp. 170-183). New York: LeJacq Publishers.

Educational Research Review (2010). Educational Research Review: An Autor's Guide to Writing Articles and Reviews for Educational Research Review. Retrieved 07.07.2010, from http://www.elsevier.com/framework_products/promis_misc/edurevReviewPaperWriting.pdf

Ehrmann, H. (2004). *Marketing-Controlling* (4. ed.). Ludwigshafen: Kiehl.

Ekman, P., Friesen, W., & Ellsworth, P. (1974). *Gesichtssprache. Wege zur Objektivierung menschlicher Emotionen*. Wien/Köln/Graz: Böhlaus Wissenschafliche Bibliothek.

Ekman, P., & Friesen, W. V. (1978). *Facial action coding system: A technique for the measurement of facial movement*. Palo Alto, Calif.: Consulting Psychologists Press.

Epikur. (1956). *Philosophie der Freude*. Stuttgart: Reclam.

Erikson, R. & Feichtner, R. (1974). Welfare as a Planning Goal. *Acta Sociologica, 17*(3), 273-288.

Erikson, R. (1993). Descriptions of Inequality: The Swedish Approach to Welfare Research. In M. Nussbaum & A. Sen (Eds.), *The Quality of Life* (pp. 67-83). Oxford: Clarendon Press.

Esch, F.-R., Hermann, A., & Sattler, H. (2008). *Marketing. Eine managementorientierte Einführung* (2., überarbeitete ed.). München: Vahlen.

Fazio, A. F. (1977). *A Concurrent Validation Study of the NCHS General Well-being Schedule*. Hyattsville: National Center for Health Statistics.

Fisch, H. (2002). Glück: politische und ökonomische Einflüsse. In A. Bellebaum (Ed.), *Glücksforschung: eine Bestandsaufnahme* (pp. 213-226). Konstanz: UVK.

Flanagan, J. (1978). A Research Approach to Improving Our Quality of Life. *American Psychologist, 33*(2), 138-147.

Fordyce, M. W. (1986). The Psychap Inventory: A multiscale test to measure Happiness and it's Concomitants *Social Indicators Research, 18*(1), 1-33.

Frankl, V. (1963). *Man's search for meaning*. London: Hodder & Stoughton.

Freud, S. (1982). *Das Unbehagen in der Kultur*. Frankfurt am Main: Suhrkamp.

Fromm, E. (1976). *Haben oder Sein*. Stuttgart: Deutsche Verlags-Anstalt.

George, L., & Bearon, L. (1980). *Quality of Life in Older Persons. Meaning and Measurement*. London/New York: Human Science Press.

Gerson, E. (1976). On "Quality of Life". *American Sociological Review, 41*(5), 793-806.

Giersch, H. (1976). *Allgemeine Wirtschaftspolitik*. Wiesbaden: Gabler.

Giger, A. (2004). *Lebensqualitätsmärkte: Wege aus der Sättigungsfalle*. Frankfurt: Zukunftsinstitut GmbH.

Giger, A. (2009). *Moses 2.0 - Wie wir gemeinsam den Wandel vom Lebensstandard zur Lebensqualität schaffen*. Norderstedt: Books on Demand GmbH.

Giger, A. (2010a). Nachhaltige Lebensqualität. Retrieved 07.06.2010, from http://www.spirit.ch/

Giger, A. (2010b). Lebensqualität und Marketing. Retrieved 07.06.2010, from http://www.gigerheimat.ch/Marketing/marketing.html

Giger, A. (2010c). Sphären der Lebensqualität. Retrieved 07.06.2010, from http://www.spirit.ch/lq-wissen/lq-sphaeren

Giger, A. (2010d). SensoNet. Retrieved 07.06.2010, from http://www.gigerheimat.ch/Worte/gdi07.html

Giger, A., Horx, M., & Küstenmacher, W. T. (2003). *Simplify: Der Simplify-Trend: Die Revolte gegen das Zuviel: Neue Einfachheit und die Suche nach Lebensqualität in der Sinn-Gesellschaft.* Kelkheim: Zukunftsinstitut GmbH.

Glatzer, W. (1984). Zufriedenheitsunterschiede zwischen Lebensbereichen. In W. Glatzer & W. Zapf (Eds.), *Lebensqualität in der Bundesrepublik: Objektive*

Lebensbedingungen und subjektives Wohlbefinden (pp. 192-205). Frankfurt/New York: Campus.

Glatzer, W. (1992). Lebensqualität aus sozioökonomischer Sicht. In G. Seifert (Ed.), *Lebensqualität in unserer Zeit- Modebegriff oder neues Denken?* (pp. 47-59). Göttingen: Joachim-Jungius-Gesellschaft der Wissenschaften.

Gross, M. (1991). Psychometrische Eigenschaften zweier Fragebogen zur Erfassung der psychischen Dimension der Lebensqualität. In M. Bullinger & N. von Steinbüchel (Eds.), *Lebensqualität bei kardiovaskulären Erkrankungen* (pp. 91-109). Göttingen: Springer.

Gunion, R. (1978). Scoring of content domain samples: The problem of fairness. *Journal of Applied Psychology, 63*(4), 499-506.

Gurin, G., & Veroff, J. (1960). *Americans view their Mental Health*. New York: Basic Books.

Hansen, U., & Bode, M. (1999). *Marketing & Konsum. Theorie und Praxis von der Industrialisierung bis ins 21. Jahrhundert*. München: Vahlen.

Hartmann, G. W. (1934). Personality Traits associated with Variations in Happiness. *Journal of Abnormal and Social Psychology, 29*(2), 202-212.

Heissel, A. (1998). *Grundlagen der Messung von Lebensqualität*. Fürth: Novartis.

Herzberg, F. (1966). *Work and the Nature of Man*. Cleveland: The World Publishing Company.

Higgs, N. (2007). Measuring and Understanding the Well-Being of South Africans: Everyday Quality of Life in South Africa. *Social Indicators Research, 81*(2), 331-356.

Hildebrandt, T., & Schumacher, H. (1999). Nichts ist entschieden. *Der Spiegel, 1999*(37), 34-35.

Hock, E., & Bader, B. (2001). *Kauf- und Konsumverhalten der 55plus-Generation: Eine empirische Studie in der Schweiz* (Vol. 2001). St. Gallen: THEXIS.

Hoffmann, R. (1981). *Zur Psychologie des Glücks. Eine empirische Untersuchung*. München: Gräbner.

Homburg, C., & Krohmer, H. (2006). *Marketingmanagement. Strategie - Instrumente - Umsetzung - Unternehmensführung* (2. ed.). Wiesbaden: Gabler.

Hradil, S. (1987). *Sozialstrukturanalyse einer fortgeschrittenen Gesellschaft. Von Klassen und Schichten zu Lagen und Milieus*. Opladen: Leske & Budrich.

Huber, T. (2002). *Consumer Trends 2005: 17 Konsumententrends für das Zukunfts-Marketing*. Kelkheim: Zukunftsinstitut.

Hufnagel, E. (2002). Philosophie des Guten Lebens. Antike Lehrmeister des Glücks. In A. Bellebaum (Ed.), *Glücksforschung: eine Bestandsaufnahme.* (pp. 59-78). Konstanz: UVK.

Inglehart, R. (1977). *The Silent Revolution: Changing Values and Politcal Styles Among Western Publics* (1. ed.). Princeton: University Press.

Inglehart, R. (1979). Wertewandel in den westlichen Gesellschaften: Politische Konsequenzen von materialistischen und postmaterialistischen Prioritäten. In H. Klages & P. Kmieciak (Eds.), *Wertewandel und gesellschaftlicher Wandel* (pp. 279-316). Frankfurt/New York: Campus.

Inglehart, R. (1989). *Kultureller Umbruch: Wertewandel in der westlichen Welt.* Frankfurt/New York: Campus.

Jersild, A. (1954). Emotional development. In L. Carmichael (Ed.), *Manual of Child Psychology* (pp. 833-917). New York: Wiley.

Kammann, R., & Flett, R. (1983). Affectometer 2: A scale to measure current level of general happiness. *Australian Journal of Psychology, 35*(2), 259-265.

Kanter, D. (1981). It could be: Ad Trends Flowing from Europe to U.S. . *Advertising Age, 52*(6), 45-52.

Kartte, J., Neumann, K., & Kainzinger, F. (2005) Innovation und Wachstum im Geundheitswesen. *Vol. 2005. Roland Berger View*. München: Roland Berger Strategy Consultants.

Kind, P. (1990). Issues in the Design and Construction of a Quality of Life Measure. In S. Baldwin, C. Godfry & C. Propper (Eds.), *Quality of Life. Perspectives and Policies* (pp. 63-71). London/New York: Routledge.

Kirchgeorg, M. (2000). Vertriebskosten. In T. Fischer (Ed.), *Kosten-Controlling. Neue Methoden und Inhalte* (pp. 407–427). Stuttgart: Schaeffer Pöschel.

Körner, T., & Schmidt, J. (2006). Qualitätsberichte - ein neues Informationsangebot über Methoden, Definitionen und Datenqualität der Bundesstatistiken. *Wirtschaft und Statistik, 2006*(2), 109-117.

Kotler, P. (1986). *Principles of Marketing* (3. ed.). New York: Prentice Hall.

Kotler, P., & Bliemel, F. (2001). *Marketing-Management: Analyse, Planung und Verwirklichung* (10. ed.). Stuttgart: Schäffer Poeschel.

Kotler, P., Keller, K. L., & Bliemel, F. (2007). *Marketing-Management: Strategien für wertschaffendes Handeln* (12., aktualisierte ed.). München u.a.: Pearson Studium.

Kozma, A., & Stones, M. J. (1983). Re-Validation of the Memorial University of Newfoundland Scale of Happiness (MUNSH). *Journal of Gerontology, 35*, 27-29.

Kroeber-Riel, W. (1990). *Konsumentenverhalten* (4., verbesserte und erneuerte ed.). München: Vahlen.

Kubinger, K. D. (1991). Gütekriterien zur Beurteilung von Fragebögen. In H. Tüchler & D. Lutz (Eds.), *Lebensqualität und Krankheit. Auf dem Weg zu einem medizinischen Kriterium Lebensqualität* (pp. 162-187). Köln: Deutscher Ärzte Verlag.

Kupsch, P. (1979). *Unternehmensziele*. Stuttgart/New York: Gustav Fischer Verlag.

Kutner, B., Fanshel, D., Togo, A., & Langner, T. (1956). *Five Hundred Over Sixty: A Community in Aging*. New York: Russell Sage Foundation.

Lamnek, S. (1980). *Sozialwissenschaftliche Arbeitsmethoden. Für Mediziner, Soziologen, Psychologen*. Weinheim: Beltz.

Lane, R. (1996). Quality of Life and Quality of Persons: A New Role for Government. In A. Offer (Ed.), *In Pursuit of the Quality of Life* (pp. 256-293). Oxford: University Press.

Lawton, M. P. (1984). The Varieties of Wellbeing. In C. Malatesta & C. E. Izard (Eds.), *Emotion in Adult Development* (pp. 67-84). London: Sage Publications.

Lawton, M. P. (1991). A Multidimensional View of Quality of Life in Frail Elders. In J. E. Birren, J. E. Lubben, J. Cichowlas Rowe & D. E. Deutchman (Eds.), *The Concept and Measurement of Quality of Life in the Frail Elderly* (pp. 3-27). San Diego/London: Academic Press, Inc.

Lawton, M. P., & Nahemow, L. (1973). Ecology and the Aging Process In M. P. Lawton & C. Eisdorfer (Eds.), *The Psychology of Adult Development and Aging* (pp. 619-674). Washington: American Psychological Association.

Lee, D.-J., & Sirgy, J. M. (2004). Quality-of-Life Marketing - Proposed Antecedents and Consequenes. *Journal of Makromarketing, 24*(1), 44-58.

Lee, D.-J., Sirgy, J. M., Larsen, V., & Wright, N. D. (2002). Developing a Subjective Measure of Consumer Well-Being. *Journal of Makromarketing, 22*(2), 158-169.

Leelakulthanit, O., Day, R. L., & Walters, R. (1991). Investigating the Relationship between Marketing and Overall Satisfaction with Life in a Developing country. *Journal of Makromarketing, 11*(1), 3-23.

Levitt, T. (1986). *The Marketing Imagination*. New York: Free Press.

Liang, J. (1985). A Structural Integration of the Affect Balance Scale and the Life Satisfaction Index. *Journal of Gerontology, 40*(4), 552-561.

Lieberman, L. (1970). Life satisfaction in the young and in the old. *Psychological Reports, 27*(1), 75-79.

Link, J., & Weiser, C. (2006). *Marketing-Controlling: Systeme und Methoden für mehr Markt- und Unternehmenserfolg* (2. ed.). München: Vahlen.

Liu, B.-C. (1975). Quality of Life: Concept, Measure and Results. *The American Journal of Economics and Sociology, 34*(1), 1-14.

Liu, B.-C. (1976). *Quality of Life Indicators in U.S. Metropolitan Areas*. New York: Praeger Publishers.

Lohmann, N. (1980). A Factor Analysis of Life Satisfaction, Adjustment and Morale Measures with Elderly Adults. *Journal of Aging and Human Development, 11*(1), 35-43.

Lu, L. & Bin Shih, J.(1999). Sources of Happiness: A qualitative Approach. *The Journal of Social Psychology, 137*(2), 181-187.

Malhotra, N., & Birks, D. (2006). *Marketing Research* (2. European ed.). New York u. a. : Prentice Hall International.

Maslow, A. (1962). *Towards a Psychology of Being*. New York: Van Nostrand.

Maslow, A. (1943). A Theory of Human Motivation. *Psychological Review, 50*(4), 370-396.

Mayring, P. (1988). Qualitative Auswertung im Rahmen des Belastungs-Bewältigungs-Paradigmas. In L. Brüderl (Ed.), *Theorien und Modelle der Bewältigungsforschung* (pp. 200-207). München: Juventa.

Mayring, P. (1991a). *Psychologie des Glücks*. Stuttgart/Berlin/Köln: W. Kohlhammer Verlag.

Mayring, P. (1991b). Die Erfassung des subjektiven Wohlbefindens. In A. Abele & P. Becker (Eds.), *Wohlbefinden: Theorie, Empirie, Diagnostik* (pp. 51-70). Weinheim: Juventa.

McNair, D. M., Lorr, M., & Droppelmann, L. F. (1971). *EITS Manual for the Profil of Mood States*. San Diego: Educational and Industrial Testing Service.

Meadow, H. L. (1983). *The Relationship between Consumer Satisfaction and Life Satisfaction for the Elderly*. Blacksburg: Virginia Polytech Institute and State University

Meffert, H. (1971). Unternehmensziele. In K. Schöttle (Ed.), *Jahrbuch des Marketing* (pp. 22–34). Essen: Deutscher Wissenschafts-Verlag.

Meffert, H. (1980). *Marketing im Wandel – Anforderungen an das Marketing-Management der 80er Jahre*. Wiesbaden: Gabler.

Meffert, H. (2000). *Marketing. Grundlagen marktorientierter Unternehmensführung. Konzepte – Instrumente – Praxisbeispiele.* (9. ed.). Wiesbaden: Gabler.

Meffert, H., Burmann, C., & Kirchgeorg, M. (2008). *Marketing. Grundlagen marktorientierter Unternehmensführung.Konzepte – Instrumente – Praxisbeispiele* (10., vollständig überarbeitete und erweiterte ed.). Wiesbaden: Gabler.

Miles, M., & White, J. (1998). Commentary: Setting socially irresponsible marketing objectives: a comment on a "quality of life approach". *European Journal of Marketing, 32*(5/6), 413-418.

Morgan, J., & Farsides, T. (2009). Measuring Meaning in Life. *Journal of Happiness Studies, 10*(2), 197-214.

Myers, D. (2000). The Funds, Friends and Faith of Happy People. *American Psychologist, 55*(1), 56-68.

Neal, J., Sirgy, J., & Uysal, M. (1999). The Role of Satisfaction with Leisure Travel/Tourism Services and Experiences in Satisfaction with Leisure Liffe and Overall Life. *Journal of Business Research, 44*(3), 153-163.

Nestlé. (2009). Krise schlägt auf den Magen. Retrieved 08.12.2009, from http://www.nestle.de/NR/rdonlyres/04E56E5B-8B60-4BC4-9E07-1B479C085467/0/Ergebnisse_Nestle_Studie_Kurzfassung.pdf

Neugarten, B., Havighurst, R., & Tobin, S. (1996). The Measurement of Life Satisfaction. In B. L. Neugarten (Ed.), *The Meanings of Age* (pp. 296-313). Chicago, London: The University of Chicago Press.

Neugarten, B., Havighurst, R. J., & Tobin, S. S. (1961). The Measurement of Life Satisfaction. *Journal of Gerontology, 16(2)*, 134-143.

Nieschlag, R., Dichtl, E., & Hörschgen, H. (1985). *Marketing* (14., völlig neu bearbeitete ed.). Berlin: Duncker & Humbolt.

Noelle-Neumann, E. (1978). Glück- was ist das eigentlich? *Bild der Wissenschaft, 15*(6), 61-71.

Noll, H.-H. (1999). Konzepte der Wohlfahrtsentwicklung: Lebensqualität und "neue" Wohlfahrtskonzepte. *ZUMA Papers: Querschnittsgruppe Arbeit und Ökologie, P 00-505.*

Noll, H.-H., & Habich, R. (2008). Auszug aus dem Datenreport 2008. Sozialbericht für die Bundesrepublik Deutschland. from Bundeszentrale für politische Bildung: http://www.destatis.de/jetspeed/portal/cms/Sites/destatis/Internet/DE/Navigation/Publikationen/Querschnittsveroeffentlichungen/Datenreport__downloads,templateId=renderPrint.psml__nnn=true

Nussbaum, M. (1993). Non-Relative Virtues: An Aristoteles Approach. In M. Nussbaum & A. Sen (Eds.), *The Quality of Life* (pp. 242-276). Oxford: Clarendon Press.

Palm, W. (1991). *Zur Validität psychologischer und physikalischer Meßprozesse: Untersuchungen über das Problem der Reproduzierbarkeit psychologischer Meßdaten*. Frankfurt am Main: Haag & Herchen.

Papstein, P. v., & Steinle, A. (2007). Aufbruch nach Customatopia? *Absatzwirtschaft, Heft 01*(2007), 24-27.

Pigou, A. (1921). *The Economics of Welfare*. London: Macmillan and Co., Ltd.

Pressey, S. L., & Kuhlen, R. G. (1957). *Psychological Development Through the Life Span*. New York/Evanston/London: Harper & Row.

Rahtz, D., & Sirgy, J. (2000). Marketing of Health Care within a Community: A Quality-of-Life/Needs Assessment Model and Method. *Journal of Business Research, 48*(4), 165-176.

Reinecke, S., & Janz, S. (2007). *Marketingcontrolling. Sicherstellen von Marketingeffektivität und -effizienz*. Stuttgart Kohlhammer.

Reinhold, G. (1997). *Soziologielexikon* (3. ed.). München/Wien: Oldenbourg.

Reker, G. T., Peacock, E. J., & Wong, T. P. (1987). Meaning and Purpose in Life and Well-Being: A Life-Span Perspective. *Journal of Gerontology, 42*(1), 44-49.

Rochel, M. (2005). *Von der Kundenzufriedenheit zur Lebensqualität- "Quality of Life" als Zielgröße im Marketing*. München: FGM Verlag.

Rössel, G., Schaefer, R., & Wahse, J. (1999). *Alterspyramide und Arbeitsmarkt. Zum Alterungsprozeß der Erwerbstätigen in Deutschland*. Main/New York: Campus.

Rupprecht, R. (1993). *Lebensqualität. Theoretische Konzepte und Ansätze zur Operationalisierung*. Erlangen/Nürnberg: Friedrich-Alexander-Universiät.

Ryff, C. D. (1989). Happiness is everything, or is it? Explorations on the Meaning of Psychological Well-being. *Journal of Personality and Social Psychology, 57*(6), 1069-1081.

Sagiv, L., & Schwartz, S. H. (2000). Value Priorities and Subjective Well-being: Direct Relations and Congruity Effects. *European Journal of Social Psychology, 30(2)*, 177-198.

Salomon, M. J., & Conte, V. A. (1981). *The SCLSES and the Eight Categories of Life Satisfaction in Older Adults*. Paper presented at the 34th Annual Scientific Meeting ot the Gerontological Society.

Samli, C., Sirgy, J. M., & Meadow, H. L. (1987). Measuring Marketing Contribution to Quality-of-Life. In A. C. Samli (Ed.), *Marketing and the Quality-of-Life Interface* (pp. 3-14). New York: Quorum Books.

Schischkoff, G. (1991). *Philosophisches Wörterbuch* (22., neu bearbeitete ed.). Stuttgart: Kröner.

Schnell, R., Hill, P. B., & Esser, E. (1995). *Methoden der empirischen Sozialforschung*. München: Oldenbourg.

Scitovsky, T. (1989). *Psychologie des Wohlstandes - die Bedürfnisse des Menschen und der Bedarf des Verbrauchers* (2. ed.). Frankfurt am Main: Campus.

Seidel, H. (2009, 14.12.2009). Mehr Lebensfreude trotz Krise. Studie: In Deutschland sinkt die Zukunftsangst-Ostdeutschen und Berufstätigen schlägt die Lage jedoch aufs Gemüt. *DIE WELT,* p. 13.

Seifert, G. (1992). *Lebensqualität in unserer Zeit- Modebegriff oder neues Denken?* Hamburg: Joachim Jungius-Gesellschaft der Wissenschaften

Seiffert, H. (Ed.) (1997) Beck'sche Reihe. München: Beck.

Seneca, L. (1953). *Vom glückseligen Leben*. Stuttgart: Kröner.

Sheth, J., & Sisodia, R. (1995). Feeling the Heat. *Marketing Management, 4*(2), 8-23.

Sirgy, J. (2002). *The Psychology of Quality of Life* (Vol. 12). Dordrecht: Kluwer Academic Publishers.

Sirgy, M. J., Samli, A. C., & Meadow, H. L. (1982). The Interface between Quality of Life and Marketing: A Theoretical Framework. *Journal of Marketing and Public Policy, 1(1)*, 69-82.

Sirgy, J., & Wu, J. (2009). The Pleasant Life, the Engaged Life, and the Meaningful Life: What about the Balanced Life? *Journal of Happiness Studies, 10*(2), 183-196.

Smith, A. (2000). Quality of Life: A Review. *Education and Ageing, 15*(2), 419-435.

Specht, G. (1974). *Marketing-Management und Qualität des Lebens* (1. ed.). Stuttgart: Schäffer Poeschel.

Staehle, W. (1976). *Kennzahlen und Kennzahlensysteme. Ein Beitrag zur modernen Organisationstheorie*. München: R. Rodenbusch.

Steinle, A. (2007). Was wir uns wirklich wünschen. *Food Service, 2007*(06), 90-93.

Stieger, R. (2005). *Lebensqualität aus Konsumentensicht- eine explorative Erfassung des Konstrukts mit Hilfe qualitativer Methoden*. München: FGM-Verlag.

Stock, W., Okun, M., & Benin, M. (1986). Structure of Subjective Well-Being Among the Elderly. *Psychology and Aging, 1*(2), 91-102.

Strümpel, B. (1976). *Economic Means for Human Needs. Social Indicators of Well-Being and Discontent*. Ann Arbor: Institute for Social Research.

Susniene, D., & Jurkauskas, A. (2009). The Concepts of Quality of Life and Happiness - Correlation and Differences. *Engineering Economics, 63*(3), 58-66.

Szymanski, L. (2000). Happiness As a Treatment Goal. *American Journal on Mental Retardation, 105*(5), 352-362.

Tatarkiewicz, W. (1984). *Über das Glück*. Stuttgart: Klett.

Thierfelder, R. (2001). *Wertewandel in der Unternhemensführung. Die Unternhmenspersönlichkeit als Ausdruck ökonomischer Vernunft.* Sternenfels: Verlag Wissenschaft & Praxis.

Uusitalo, H. (1994). Social Statistics and Social Reporting in the Nordic Countries. In P. Flora et al. (Ed.), *Social Statistics and Social Reporting in and for Europe.* (pp. 99-120). Bonn: Informationszentrum Sozialwissenschaften.

Veenhoven, R. (1984a). *Databook of Happiness*. Dordrecht/Boston/Lancester: Reidel Publishing.

Veenhoven, R. (1984b). *Condtions of Happiness* (1 ed.). Dordrecht/Boston/ Lancester: Kluwer Academic.

Veenhoven, R. (1991). Ist Glück relativ? Überlegungen zu Glück, Stimung und Zufriedenheit aus psychologischer Sicht. *Report Psychologie, 1991*(Juli), 14-20.

Veenhoven, R. (1994). Is Happiness a Trait? Tests of the theory that a better society does not make people any happier. *Social Indicators Research, 32*(2), 101-160.

Ventegodt, S., Merrick, J., & Andersen, N. (2003). Quality of Life Theory I. The IQOL Theory: An Integrative Theory of the Global Quality of Life Concept. *The Scientific World Journal, 2003*(3), 1030-1040.

Ventegodt, S., Merrick, J., & Andersen, N. (2003a). Quality of Life Theory II. Quality of life as the Realization of Life Potential: a Biological Theory of Human Being. *The Scientific World Journal, 2003*(3), 1041-1049.

Ventegodt, S., Merrick, J., & Andersen, N. (2003b). Quality of Life Theory III. Maslow revisited. *The Scientific World Journal, 2003*(3), 1050-1057.

Ventegodt, S., Andersen, N., & Merrick, J. (2003c). Five Theories of the Human Existence. *The Scientific World Journal, 2003*(3), 1272-1276.

Ventegodt, S., Andersen, N., & Merrick, J. (2003d). The Life Mission Theory II. The Structure of the Life Purpose and the Ego. *The Scientific World Journal, 2003*(3), 1277-1285.

Ventegodt, S., Andersen, N., & Merrick, J. (2003e). The Life Mission Theory III. Theory of Talent. *The Scientific World Journal, 2003*(3), 1286-1293.

Walter, P. (1991). Die "Vermessung" des Menschen: Meßtheoretische und methodologische Grundlagen psychologischen Testens. In S. Grubitzsch (Ed.), *Meßtheorie und Testpraxis. Psychologische Tests und Prüfverfahren im kritischen Überblick* (pp. 98-126). Reinbeck: Rowohlt.

Weber, J., & Schäffer, U. (2006). *Einführung in das Controlling – Wege zu einer rationalen Unternehmensführung* (11. ed.). Stuttgart: Schäffer Poeschel.

Wellenreuther, M. (1982). *Grundkurs: Empirische Forschungsmethoden. Für Pädagogen, Psychologen, Soziologen*. Königstein/Taunus: Athenäum.

Wessmann, A., & Ricks, D. (1966). *Moods and Personality*. New York: Holt, Renehart & Winston.

Wiedendieck, G. (1970). Entwicklung einer Skala zur Messung der Lebenszufriedenheit im höheren Lebensalter. *Zeitschrift für Gerontologie, 16*(3), 215-224.

Wilkens, R. (1993). Der Abschied vom "Abschied vom Marketing". In W. Disch, K. A. Wilkes & W. Malte (Eds.), *Alternatives Marketing - Ideen - Erkenntnisse - preisgekrönte Biespiele* (pp. 17-27). Landsberg a. Lech: Moderne Industrie.

Wlodarek-Küppers, E. (1987). *Glücklichsein. Eine empirische Studie auf der Basis von persönlichen Gesprächen*. Hamburg: Universität Hamburg.

Woll, A. (Ed.) (1996). *Wirtschaftslexikon.* (8., übearb. ed.). München: Oldenbourg.

Zapf, W. (1984). Individuelle Wohlfahrt: Lebensbedingungen und wahrgenommene Lebesqualität. In W. Glatzer & W. Zapf (Eds.), *Lebensqualität in der Bundesrepublik. Objektive Lebensbedingungen und subjektives Wohlbefinden* (pp. 13-26). Frankfurt/New York: Campus.

Zapf, W. (1993). Wohlfahrtsentwicklung und Modernisierung. In W. Glatzer & W. Zapf (Eds.), *Einstellungen und Lebensbedingungen in Europa* (pp. 163-176). Frankfurt am Main/New York: Campus.